你应该具备的——

社交礼仪知识

朱鸿儒　主编

全　国　百　佳　图　书　出　版　单　位
时代出版传媒股份有限公司
安徽人民出版社

图书在版编目（ＣＩＰ）据

你应该具备的社交礼仪知识 / 朱鸿儒主编. -- 合肥: 安徽人民出版社, 2012.3

ISBN 978-7-212-04816-7

Ⅰ.①你… Ⅱ.①朱… Ⅲ.①心理交往－礼仪－通俗读物
Ⅳ.①C912.1-49

中国版本图书馆 CIP 数据核字(2012)第 043570 号

你 应 该 具 备 的

社交礼仪知识

朱鸿儒　主编

出 版 人：胡正义

责任编辑：黄　刚

封面设计：光明工作室

出版发行：时代出版传媒股份有限公司 http:www.press-mart.com
安徽人民出版社 http:wwwahpeople.com
合肥市政务区文化新区圣泉路 1118 号出版传媒广场八楼
邮 编：230071
营销部电话：0551-3533258　0551-3533292(传真)
印　　制：合肥瑞丰印务有限公司
（如发现质量问题，影响阅读，请与印刷厂联系调换）

开本：787×1092　1/16　　　印张：14　　　　字数：240 千字
版次：2012 年 3 月第 1 版　　　2023 年 1 月第 2 次印刷

标准书号：ISBN 978-7-212-04816-7　　　定价：45.00 元

前　言

前　言

一个人要想获得成功,首先的第一点就是,他必须具备功的能力,这是事业成功的关键。

其实,每个人的潜在能力几乎都是差不多的,可是,为什么有的人表现出的能力却比别人强呢? 这就是培养的结果,培养你的能力,不仅是一个学习的过程,同时,也是一个学会怎样发挥自己能力的过程。这需要一个人不断的努力,只要你努力去做,你的能力就能得到提高,成功的希望也就越大。

很多成功者都是从小就开始培养自己的各方面能力的, 尤其是在青年时期,努力培养自己多方面的能力对我们一生都有着重大的作用。

因为成功不仅仅需要成就事业的专业知识, 同时还要求我们必须具备其它各种能力,如说话能力、生存能力、交际能力等等。

当今社会是一个优胜劣败的社会,人与人之间的竞争日益激烈,如何在这种激烈的竞争中获胜呢?能力是唯一的决定因素。只有拥有超人一等的能力,你才能在竞争中脱颖而出。

想获得成功,你要具有演讲能力。很多成功者都是优秀的演讲家,如丘吉尔、如罗斯福,如林肯,如卡耐基等。演讲的力量甚至可以改变一个国家和民族的命运,因此,培养你的演讲能力吧!这将是一项对你一生受用的技能。

想获得成功,你要具有论辩能力。论辩是我们人类自生存以来就有的学问。在很多场合,优秀的论辩能力可给你带来成功的福音。

想获得成功,你要具有交际能力。我们每一个人都生活在群体中,很多事情都不是我们一个人能完成的,而要借助群体的力量。因此,我们一定要协调好我们的人际关系。良好的人际关系对我们的成功有着不可忽视的作用。

想获得成功,你要具有谈判能力。人生就是一场谈判,你首先要明白你自己究竟有多大份量的筹码。而在我们的一生中将会遇到的谈判则更

多,因此,掌握一定的谈判技巧对你来说也是十分重要的。

想获得成功,你要具有生存能力。这是我们必须具备的最基本的能力。一个连基本的生存能力都没有的人,怎么能够获得成功呢?

想获得成功,你还要具有战胜自我的能力。卡耐基说,心理上的忧虑是我们最强大的敌人,良好的心理状态是我们获得成功的重要前提。当我们从心理上打败阻碍我们的成功的最大一个敌人——我们自己时,我们已经获得了一半的成功。

为此,我们极力向你推荐《现代青年必备能力训练教程况 这是一套由《校园演讲》、《校园辩论》、《成功社交》、《成功谈判》、《挑战生活》、《挑战失败》组成的给现代青年的能力教程。但愿它能激励你、指导你、帮助你去努力提高你的各种能力,让你获得更大的成功。

青年们,从现在开始就培养你的各种能力吧。人生不仅仅需要你去拼搏,更重要的是要掌握成功的策略。只有具备了获得成功的能力,你的人生才会取得更大的胜利。

目　录

你应该具备的

你
应
该
具
备
的

你应该具备的

你应该具备的

你应该具备的

你应该具备的

你
应
该
具
备
的

第一单元　社交心理课堂

课堂 1　怎样消除紧张怯场的情绪

1. 提高嗓门说话

这是在一场高中棒球比赛中,第一支球队入场的情景。

此球队是在地区大赛中身经百战,从许多球队中脱颖而出的一支劲旅。但是,一踏进坐满了数万观众的大球场,九名队员居然个个紧张得脸色苍白,举止拘谨,尤其是第一个上场投球的投手,内心更承受了难以言表的沉重压力。这时候,这支球队教练所采取的措施,使旁观的我感到由衷的佩服。他指示投手,在比赛前练习的第一个球时,故意投出直射安全护网的大暴投,心领神会的捕手与教练相视大笑,此后投手的心情大为放松,连续投出好球,赢得了第一场比赛。

初次与人相见,正如上述故事中的球员的心理一样,有着很大的压力。想要摆脱这种压力,就必须将恐惧不安的心情抛到九霄云外,使自己的身心得到放松。例如,初次见面和对方寒暄时,你应该尽量提高自己的嗓门,放大说话音量,用力握住对方的手,先开个无伤大雅的小玩笑,然后哈哈大笑。这些举动往往能使紧张的心情得到放松,起到"第一投"的作用。

2. 用轻盈的步子驱走紧张

你可能有过这样的感觉,当你开心或心情愉快时,脚步自然轻盈。

有一位作家在他还是个无名小卒时,每当到出版社"推销"自己的作品,都会尽可能使脚步显得很轻盈。这是因为要硬着头皮向毫无关系的出版社推销自己的作品,难免会有紧张不安的感觉,如果把脚步放得很轻盈,就会顿时勇气倍增,昂然地走进陌生的出版社。

用这种作法来减轻初次见面时的紧张情绪是十分合理的。杰姆斯·兰克有这样一句名言:"人并不是因为伤心而哭泣,是因为哭泣而伤心",他

1

认为当人意识到身体因刺激而产生的变化时，就会产生愤怒、悲伤等感情。的确，在日常生活中也常遇到，当我们受到不愉快的气氛影响时，如果做一些快乐时惯有的动作，那么心情自然也会好转。

了解这种心理之后，我们就会知道，初次与人相见时如果脚步沉重，往往会增加你的紧张、不安情绪。相反，如果以轻盈的步伐走到对方面前，心情就会变得比较轻松，内心的紧张与不安也会有所缓解。

3. 一定要守时

自古以来，人们就常说"不守时间的人不值得信任"，但你是否知道这还不仅是道德上的问题呢？例如，当与人相约迟到的时候，我们总会向对方道歉，然而这种歉疚之情往往会变成迟到者心理上的负担。特别是当对方是个陌生人时，看来似乎很平常的一句"对不起"，就会变成很大的心理负担。这种歉疚的心理，很可能使情绪变得低落，一下子就扰乱了自己的步调。

听一位颇有经验的业务经营者说，他如果和顾客约定在外面相见，一定会提前二十分钟到达约定地点，并且对商谈的内容作最后的确定。这样一来，即使遇上难对付的顾客也会自信十足。

这可以说完全是针对人类心理上的弱点而设计的巧妙方法。因为事先有充分的准备就会激发出自信，会使人在心理上处于优势而不至于紧张、怯场。如果对方迟到，对于本来就占优势的你就更有利。初次见面的主导权，当然是掌握在优势者手中。

4. 注视对方的眼睛

某公司新盖了一栋现代化办公大楼，但搬进这栋豪华大厦后，职员们的工作效率却大大降低，使经营者百思不得其解。一般来说，新办公室比旧办公室宽敞明亮，各种设备俱全，工作效率只会提高而不应该降低。

令人惊讶的是，调查结果证明，原因竟然是使办公室变得明亮、宽敞的大窗户。因为透过窗户可以清楚地看到外面，相反在里面工作的职员，也有随时被人从外面窥测的感觉，因而不能专心工作，效率自然也就降低了。结果，这家公司只好整天放下百叶窗，才恢复了以往的工作效率。

在"看"与"被看"的关系中，动物也不例外，弱小的人往往低着头，不敢注视对方，而强者则一直在观察对方。也就是说，被看的一方是处于劣势的。人在被他人注视时就无法沉着，也是由于处于劣势的不安所引起

的。如果初次见面因怯场低头，就等于将这场会面的主导权拱手让给对方。所以，为了形成平等的人际关系，有必要把自己置于看的一方。心理上越是畏惧对方，谈话时越要注视着他的眼睛。

5.把自己的优点记在心头

不论什么人，内心一旦存有不安——不管是哪一种不安，都会影响心情，使情绪陷入低潮。与人初次相见时，内心稍微的不安情绪，便会逐渐扩大，变成局促不安的态度而表现出来。这样当然不可能给对方留下美好的印象，而久之，就会陷入"不安的恶性循环"，有时甚至会变得对陌生人怀有"恐惧症"。

而根除这种恶性循环的特效药，便是自信心。任何人都至少有一项胜过他人的优点，在初次与人见面之前，如果能找出自己的优点，哪怕是些细小的优点，并且时时提醒自己，必能增强自己的信心。

初次见面时的不安，通常起因于对自己的过低评价，所以只要找出自己优于对方之处，哪怕只有一点，便能以此作为垫脚石，增强信心，使那莫须有的自卑意识烟消云散。

即使见面之前内心惴惴不安，如果见面时发觉到"他只要喝一杯啤酒就满脸通红，和我比起来，简直是小巫见大巫！"这时优越感则会油然而生，会使不安在不知不觉中消失，而满怀自信地面对对方。

只要能斩断这种"初次见面时的恶性循环"，不论对方是何方神仙，心理上都可以处于平等的位置，甚至能够占据优势。

6.放慢动作

一位在某公司担任人事经理的朋友曾对我说，"近年来，学生的观念与作风和往昔已经大不相同，但面试时的情景却毫无改变"。他说，很多刚走出校门的年轻人，平时都很活泼开朗，唯独在面试的时候紧张得连身体都僵硬了，回答问题时好像在说绕口令，快得使人听不清楚。

在此，我要向即将接受就职面试的年轻人透露一个"秘诀"，这就是尽量将动作放慢，不管是走路、开门、行礼、落座及谈话，都要用连自己都怀疑是否过慢的速度，这样便可恢复平常的沉着。

将注意力集中在放慢自己的动作上，往往会使人忘记初次见面的紧张与不安。这是一种替换法，将初次见面所产生的心理紧张转换成平常一点也不习惯的动作，可以起到很好的缓和紧张的效果。

课堂2 怎样克服社交中的不良心态

常听到有人说："我也想和朋友特别是上司、领导、老师等有着很好的关系,但是总觉得他们地位那么高,我一个低贱之民怎好意思与他们交往呢?"

这种心态是绝对错误的,会阻碍你正常的人际交往。

这种不良的心态含有一定羞怯的、自卑的心理成分,一定要克服,才能顺利、成功地与人交往。

1.克服羞怯的心理良方

羞怯是封闭个性的表现,属于常见的交往障碍心理,羞怯心理对感情投资的勇气和胆量的培养阻碍很大,因此,首先要克服这种羞怯心理。

(1)我曾经收到一位青年朋友的信。信中写到:"我有一大缺点,特别怕羞,一到大庭广众中,或者一见到领导就脸红心跳,说话也前言不搭后语。所以到现在朋友也不多,求人办事也总是失败"。

这个青年的"心病",恐怕有一定的普遍性。羞怯如异作为一种短暂的情绪反应,那没有什么大的关系;如果是作为一种持续的情感,那就会对感情投资产生严重的影响。

羞怯心理的形成有几种情况,如由自卑心理产生、曲挫折造成、由过分敏感造成、由长期的习惯形成等等。但羞怯的心理都是可以克服的。

美国总统卡特,英国王子查理,电影明星凯瑟琳·赫本都坦率地承认,自己过去曾是一个十分怕羞的人。可现在,他们中有的成了政治家,有的成了大明星,这就是建立在广泛的人际关系基础上的。可见,羞怯的心理是可以克服的。

(2)可以通过几种办法来克服羞怯心理。

首先,是要增强自信心。

比如你在对领导进行感情投资的时候,不要老想着自己不如领导,领导一定看不起自己。

而是要想想自己完全有能力、有资格作为领导的好朋友,朋友没有贵贱之分。

其次,是不要过多地计较别人的评论。

有的人觉得对领导进行感情投资一定会招来闲话,说自己拍领导的马屁,其实,"谁人背后无人说?"就算你不去和领导交朋友,也还会有人猜疑的,就让别人去说吧。

再次,是要多多争取锻炼的机会。

多多与人交往,扩大人际交往范围,这样做得多了就成了平常事,也就不会再有羞怯的心理了。

第四,要学会控制自己。

不要因为羞怯就不去进行感情投资,而是要提醒自己打消这种念头,大大方方地与别人交朋友。

羞怯的心理是完全可以克服的,也只有克服了羞怯的心理,才能鼓起感情投资的勇气与胆量。

法国作家雨果有一句话说得好:"与其因不能完全照自己的计划而灰心,不如因为看见自己的计划已经有一小部分的实现而心理喜悦、勇气百倍!"

2. 克服自卑心理的良方

有人在社交中常有这样的心理:既想与别人交往,又怕被别人拒绝;既想在别人面前谈自己的观点,又怕被别人耻笑。事先想好了许多话,可一站在对方面前就全忘了,这便是自卑在作祟。

有了自卑心理一定要先分析自己,找出产生自卑感的原因,然后,在有意识的进取和锻炼下,渐渐地在社交过程中产生一种平衡的心态。另外,要避免自卑,培养坦荡的、不卑不亢的心态,应具备一定的社交活动技能与社交常识。

社交不是一种抽象的活动,其表现形式是多姿多彩的,广博的知识,高尚的情趣,往往使社交活动的过程变得更加丰富,给参加者带来更多的收获莉享受。

除此之外,还应掌握一定的社交常识。如:怎样与人家握手、交换名片;怎样安排喜庆活动;怎样注意餐桌上的礼仪等等,都可以让自己在与人交往时显得应付自如、潇洒大方、处变不惊。

俗话说,人无完人,但是一个人要力求自我完善,也不是不可能的。

要克服自卑的心理,首先必须正确认识、分析自己,正确认识自己的长处和短处,清楚自己的优点和缺点。

用自己的短处去比别人的短处,你会永远觉得自己"技不如人",用自

己的长处去比别人的长处,你就会信心十足,这样便可以强化你的自信心,有助于克服自卑的心理。

课堂 3　挖掘你的潜在能量

1. 上帝赐给了你天赋

人人身上都潜藏着上帝交给你的一种天赋,只要找到它,你就会一飞冲天。我们知道,焚高找到了画笔,乔丹找到了篮球。而口才却是神奇而难以捉摸的东西,它好像每个人都有,又好像每个人都缺乏。口才是上帝送给人类的最公平的礼品,每个人一份,可是,有些人发现了它的亮光,有些人终生弃它于阴沟。

"疯狂英语"之父——李阳说:"我从前总是输,总是输,输……赛跑输,下棋输,学习输,恋爱输……。最后,只是英语赢了,却赢得了整个世界——李阳是天才吗?非也,李阳不是天才吗? 非也。说法并不矛盾,李阳是个天才,但他是他自己的天才。

1987 年,李阳已度过了人生的 18 年零 6 个月,他突然在几个夜里失眠了。他的头脑中不断盘旋着一些让他浑身燥热的问题:我为什么总是失败,总是输,我比别人差多少?我为什么不能找一个机会赢一回。我一定要找到一个超过别人的机会,否则,我这辈子就完蛋了……

李阳决定设定一个目标,向恶习挑战。此时全国英语四级考试为他提供了一个契机。刚开始,他很难集中精力,于是他跑到山头上、树林里、烈士亭大喊英语。在大喊中,他惊奇地发现,注意力变得特别集中,有一种爆发力,有一种神奇的征服力量。于是,他决心继续尝试,虽然决心中充满了"肯定会失败"的恐怖。为了避免这次最终落个"半途而废"的下场,他与班里最刻苦的一位同学,立下军令状,每天吃完午饭后,奔赴学校最偏的地方——烈士亭,大喊英语。

头几天,他充满激情,奔赴战场。但是没过几天,"从明天开始"的恶劣惯性又使他动摇,他对自己说:"只要稍微坚持一下,我就可以创造奇迹。世界上人的智力都差不多,成功的人就是坚持不懈的人。如果想瞌睡,也到烈士亭去睡,做做样子也是需要的,因为一旦今天停下来,明天又会找

个理由不去,你将来会为今天的选择感到羞愧的。"

李阳最终是成功了,李阳的英语成功了,李阳的口才也成功了。没有挑战自我的第一步,一个人是不敢轻易喊出让自己的耳朵也感到陌生的话的。疯狂口才就是可以让人们不停地向自我挑战,让自己战胜内心的软弱和胆怯,从而大胆而持之以恒地去说,去表达自己。

2. 如果拥有一百倍的信心

"英语"进步了,李阳不再像从前那样为自己的长相、身世与学习成绩感到自卑了。他每天早上去烈士亭喊英语,晚上又去英语角与人说英语。并且一个接一个打败了曾经比他口语好的对手。在胜利的喜悦中,他开始有了自信。也敢于"自我承认"了。他的自卑感从此像正午的影子越来越短、越来越小了。过去,他因为自卑,很少与同学交谈。现在,他开始用英语与班里的所有同学对话、交谈,尽管语病频繁,但他从每一句对话中一点点积累着自信。

功夫不负有心人,在每天坚持的大喊中,李阳悟出了"最大声、最快速、最清晰"的三最口腔肌肉训练法。4个的努力使他在四级考试中获得全校第二名,从此他开始了疯狂英语的发展、传播里程。

李阳的成功在于他用口喊掉了自卑喊出了自信,所以他就成功,他的口才也就随之而来。

有一个优秀的演说家向听众发问:"你是否认为自己是一个极富魅力而又极具美好前途的优秀的演说家呢?如果你并不这样想,而且为自己是一个既无前途又缺乏才干的人,请你马上丢弃这种自卑"。

通过自我研究,便能客观了解自己,发现自己的长处和短处了。为了发挥自己的能力,与其茫茫地幻想未来,不如把实际的问题勾勒出一个新的形象来。对自己的未来前途,有了这鲜明的形象,你就能看清自己的长处与短处,遇到问题能够马上予以解决。

天生我材必有用,每一个人都有自己的长处,因此,你大可不必斯斯艾艾;惶惶恐恐,你完全可以理直气壮地大声地表达自己的思维,用言语说出来就是口才。

要想直接克服自己的缺点,希望你能够运用自己最低限度的能力,充分观察自己的长处,一步一步将真实的自我牵引出来。当自己发觉自己的长处时,无论是在人生的舞台还是在生意往来的商界,还是其他方面,都

会愈来愈生动有趣，从而使自己也变得非常乐于享受美好生活。在口才上，你会变得越来越轻松，你嘴边的话语慢慢地会让你有一种飘飘然的美感。

"疯狂"就是最大限度地去除自卑心理，最大可能地树立信心。疯狂口才的内蕴应含"成竹在胸、远离自卑"的定义。

3. 把恐惧扔到垃圾桶里去

对于一个曾经"自闭"的小孩子来说，"公开演讲"无疑是一部"超级恐怖片"。但是，李阳以此向自己的"社交恐惧症"开战，完成了内心的自我超越，并由此走出人生最关键的一大步。

有一天，"他突发奇想，何不写一篇演讲稿，与大家分享突破英语障碍的经验。于是他花了两天多时间写成洋洋洒洒四十多页的草稿。可是下一步呢?真要面对大家说话简直像下地狱!"我宁可下十次地狱，也不愿体会那种紧张心情。"但经过几天思想斗争，李阳决定破釜沉舟，他让同学贴出海报，说一个叫李阳的家伙准备开一个讲座。当阶梯教室订好后，李阳再无退路。那天晚上，他晚饭一点也吃不下，紧张得只想呕吐，把演讲稿都摸湿了。7点钟，最后一刻来临，李阳被朋友一推，跌跌撞撞走上讲台，差点绊倒在台阶上……跨过地狱，就是天堂:李阳迈出了第一步，他的人生也就从此改观了。

其实，在公共场所说话每个人难免会怯场、心慌，这是地狱。可是为什么有些人在经历了怯场之后换一个人似的巧舌如簧、妙语连珠，而有些人永远改变不了一说话就心跳脸红的"快速反应"呢!这是因为在地狱里有几个魔鬼在捣蛋，它们是:惰性、软弱、自卑等。这样的魔鬼不信邪，我们只能用"疯狂"把它们迅速而快速地去除掉。

有一个笑话，一个姓刘的小学生去医院看病，医生将两个电极放在他鼻子的两侧就离开了，温度越来越高，电极越来越烫，他告诉自己千万不能哭、不能叫、不能丢人。半小时后，他全身衣服被汗水浸透，浸湿了床铺。当时眼睛几乎看不见，整个面颊浮肿。只因为"害怕医生骂";只因为"怕丢人"，他的右脸颊上从此留下一块永恒的疤痕。

笑话已讲了，似乎不太好笑，可是，它告诉我们一个难得的道理:要想成功，要想口才出众，千万不要软弱，不要怕丢人。其实，姓刘的小学生当时还未走出地狱，是地狱的魔鬼在折磨着他。

4. 现在开始，你是世上最有力量的人了

有人说，当今世界有三大武器，即原子弹、电脑和口才。确实，现代社

会中人与人之间的言语交流越来越贫乏，口才的重要性越来越突出。我们说口才是未来社会最重要的武器，甚至是当今社会最重要的武器。

　　什么是世界上引力最大的东西呢？是蜜吗？不是，是语言。有一则谜语这样讲道："不是蜜，却可以粘住一切"不用多动脑子，一猜就知道是人的语言。谁拥有了美妙的语言，谁就会成为世界上最有力量的人。

　　试想想，人们深邃的思想，哪一样离得开语言来表达呢？所以说它能"粘"住一切。人有一张口，作用无非是两个，一是吃饭，二是说话。也许说话对人类来说是太普遍，太平常了，人们对这个抓不住、摸不清，稍纵即逝的"怪物"的由来作种种美好的想象。有这样的一个传说，在人类还处于野蛮时，大家都是哑巴，传情达意只靠手势和眼神。有一年大旱，忽然下起大雨，久渴的人们纷纷张大嘴巴来喝。奇怪的是，这雨水一落到哑巴人的嘴里，即能听出声音，继而又能说出话。

　　在人类社会生活中，古今中外都涌现出一大批能言善辩，能说会道的雄辩家。像古罗马，演说曾风靡一时，群众把倾听演说作为生活的享受之一。那时演说家比文学家占有更光辉的地位，雄辩术甚至成为一切高尚生活不可缺少的因素和装饰品。那时，人们不愿意听音乐，而愿意把时间花在听演讲，听争辩上。每天这个庄严的时刻，城市万人空巷，铺子关门，主教也由卫兵簇拥着去听。我国封建社会某些时期，统治阶级甚至专门养一批"说客"，周游天下，为宣传自己的主张服务。战国时，苏秦与张仪，一纵一横，其辩才声震之下，所谓"一怒而诸侯惧，安居而天下息"。这些说客，词释锐利，议论悉辟，推论事理，切中时弊，他们都不愧是口才艺术家。纵观我国历史，从古代的孟轲、曼子、墨子……直到近代许多杰出的人物如严复、孙中山、李大钊、萧楚女等，都有着极其高超的说话艺术。外国的有希腊的西塞罗、雅典的德摩斯梯尼、美国的华盛顿、林肯、直至马克思、恩格斯、列宁、斯大林、季米特洛夫，都堪称口才艺术家。这些人中豪杰，自然是世界上最有力量的人，真可谓："振臂一呼，英雄云集"。

　　"疯狂"让你挑战自我走出了囚笼；"疯狂"让你喊掉自卑树立信心；"疯狂"让你跨过地狱走进天堂……"疯狂"最终会让你成为世界上最有力量之人！

课堂4 与人社交的心理战

1. 装作在某事上与对方达到"共鸣"

为了顺利地引导初次见面的对方如实地说出自己的真实思想，必须使其保持愉快的心情。关于这一点，电视、广播等主持人可以说是个中高手。一般而言，电视节目主持人都有很好的口才，不仅如此，他们还善于让对方保持愉快的心情，这一心理战术更值得学习。

要和初次见面的人建立密切的关系，最重要的是要动之以情，设法理解对方的苦恼、了解对方的需要。这种"理解"就是心理学上所说的共鸣，也称为感情转移。问题是，如何才能在完全陌生的两个人之间产生共鸣。当然，如果你不能与对方共鸣，对方自然也不会与你共鸣，所以必须懂得"佯装"与对方的谈话发生共鸣的心理技巧。而在这种佯装共鸣的过程中，往往会"弄假成真"，彼此之间真正产生了共鸣。

有名的主持人都很善于佯装与对方产生共鸣，就连专门研究心理学的我都会不知不觉地陷入他们的"圈套"中，一般人当然就更容易败于他们的心理战略，而说出原本不应该说的话。也许他们并非存心运用这种心理战术套出别人的心里话，但如果他们不佯装佩服对方的谈话，他们的采访就不会进行得那么顺利。

2. 对对方自认为的优点加以赞扬

多湖辉先生曾讲过这样一个故事：我有一位关系密切的当编辑的朋友，长得很像著名演员中村敦夫。每当我利他一起吃饭去，初次见到他的服务小姐们，都会对他说："嗨!你长得真像电影明星XX!"的确，无论是他的容貌还是气质都与那位演员非常相似。一般而言，说某人很像名演员，是一种恭维之词，被"称赞"的人通常不会不高兴，但我这位朋友的反应却不同，听了服务小姐的"奉承"后，原本不喜欢开口的他，变得更加沉默了。

服务小姐可能是半真心半奉承地说出那些话的，但是，由于这种情况下对方一般不予理会，她们也只有流露出诧异的表情。然而依我看来，这位朋友的反应一点也不奇怪，因为服务小姐的赞美根本不得体。他了解自己的缺点，就是容易给人以冷漠的印象。而中村演员在屏幕上所扮演的正

你应该具备的

是冷酷无情的角色。所以，如果说他酷似申村，这哪里是在赞美，分明是指出了他的缺点。

要恰如其分地赞美别人是件很不容易的事。如果称赞得不得法，反而会遭到排斥，为了让对方坦然说出心里话，必须尽早发现对方引以为豪、喜欢被人称赞的地方，然后对此大加赞美。也就是要赞美对方引为自豪的地方。在尚未确定对方最引以为豪之处前，最好不要胡乱称赞，以免自讨没趣。试想，一位原本已经为自己身材消瘦而苦恼的女性，听到别人"赞美"她苗条、纤细，又怎么会感到由衷的高兴呢？

第二个值得注意的问题是，当对方对你的赞美表现出良好反应时，就要改变一下方式，再次给予赞扬。如果只蜻蜓点水式地稍加赞美，对方可能会认为是恭维或客套话，而对一件事重复赞美，则能提高它的可信度，让对方觉得你是真心实意地赞美他。总之，赞美也必须讲求技巧，只要运用得体，必能敲开对方的心扉。

3. 话题时常以"对方"为主

听某位经济记者说，记者们对于企业丑闻的报道方式通常决定于这个企业的总裁对记者的态度。实际上，有关丑闻的真相，在记者见到总裁以前，已经从各方面收集到了大量的资料，至于最终的报导，究竟采取对企业有利的方式还是攻击性的方式，这就由总裁与记者之间人际关系的好恶而决定了。

聪明的总裁在面对记者的采访时，绝不会开口就说："我们公司……"、"我本人是……"等，首先他会感谢记者的辛劳，关心采访的情况，并且答应给予最大限度的协助，然后才说明自己的立场、态度。

常言道：无事不登三宝殿。一个人既然煞费苦心地约见另一个人，必定是有所为而来的。但是，如果一见面就滔滔不绝地提出自己的意见和主张，使对方无发言的机会，那么，对方必定会觉得自己的立场及存在受到了忽视，心理上会形成一道"围墙"。

这道"围墙"一旦形成，即使自己说得天花乱坠，也会被认为那是企图打动人心的伎俩，"围墙"会越来越厚。在初次见面时，这种情形更甚。所以，在谈论自己的事情之前，不妨先从对方的问题开始谈起，这一招更能打动对方。

4. 有时可以自然地让自己的缺点露出来

如果初次见面的对方属于朴拙老实型的人，那么不妨故意暴露出自己的某些缺点，以解除对方的戒备心理。这当然也是打破对方对自己所设的形象框架，给予安心感的一种战略。没有明星架势的演员，他能得到广大观众欢迎的原因，很大程度上就在于他们没有时刻摆出"明星"的架子。

5. 透过交谈了解对方心理

与人交谈时，由于常常受到时间的限制，一旦发现谈话跑题，性急的人就心急如焚，担心自己的正事达不到目的，便想方设法把话题拉回来。其实，要想探查对方的内心秘密，这种作法是很不高明的。

对方之所以会转移话题，大致有三种情况。第一是由于粗心大意，第二是因为脑中有新的意念，第三则是故意转移话题。

不管是由于哪一种情况，眼前对方的注意力已经完全转向新的话题，所以最好不要打断他，暂时让他尽情说下去。这样一来，如果对方转移话题是由于一时疏忽，不久他一定会有所发觉，而露出诧异的表情，"咦！我们谈的主题是什么？"如果是第二种情况，对方并未忘记主题，即使他东拉西扯，最后一定会回到主题上来。如果他根本不想回到主题，你就可以认为他是故意回避主题。由此可见，"跑题型"的交谈，是了解对方真实心理的最好机会。

6. 在"等待"中了解对方心理

到了约定的时间，如果对方仍然没有露面，大部分人都会心浮气躁，或四处张望或猛抽香烟。碰到这种情形，我却能尽量抑制急躁的心情，努力以冷静的态度去应付。每当这时，我都想也许对方是故意采取让我焦急等待的心理战略，如果此时我不能平心静气，无疑是未战先败。

所以，我都会抱着"既来之则安之"的心情，把等待当做了解对方的机会，而环视四周。如果约定的见面地点是对方的公司或家庭，从挂在墙上的一张字画，也可以看出对方的性格与心理。当然，不限于字画，任何摆设都有助于了解对方的人，因为各种物品都会以某种形态，反映出拥有者的性格与感情。更何况这些摆设还能成为使双方的交谈顺利进行的润滑剂。

如果具备了这种心理，就能自然抑制急躁的心情，使你以从容不迫的态度面对对方。

课堂5 学会调节自我情绪

良好的心理素质在社交中的作用是人尽皆知的。一个人怎样在谈话时控制自我情绪呢?这是交际中一个十分关键的要素,如果你能控制好你的情绪,那么你已做到了成功的一半。

1. 学会理智地支配自我情绪

我们可以这样设想:当一个人无意之中触痛了你的敏感之处,你就不假思索地乱喊乱叫,人家对你的印象还会好吗?当别人同意你的一个问题时,你就高兴得张牙舞爪,他们对你的印象还会好吗? ——也许别人会认为你简直太幼稚了。

麦克科迈克说过这样一个例子:

一个星期六的上午,我去会见 S&S 公司主管。约见的地点是他的办公室。

主人已事先说明我们的谈话会被打断 20 分钟,因为他约了一个房地产经纪人。他们之间关于该公司迁入新办公室的合同只差签字就完成了。

由于只是个签字的手续,主人允许我可以在场。

这位房地产经纪人最近刚刚与 S&S 公司主管的主要竞争对手签了租房合同。他大概是兴奋,仍然陶醉在自己的成功之中,开始详细地描述那笔买卖是如何做成的,接着赞美那个"竞争对手"的优秀之外,称赞其有眼力,很明智地租用了他的房产。我猜想接下去他就要恭维这位公司主管也做出了同样的决策。

公司主管站了起来,谢谢他做了这么多介绍,然后说他暂时还不想搬家。

房地产商一下傻眼了。当他走到门口时,主管在后面说:"顺便提一下,我们公司的工作最近有一些创意,形势很好,不过这可不是踩着别人的脚印走出来的。"

房地产经纪人在关键时刻忘了对方,只顾着欣赏自己取得的推销成果,而忽略买方也有其做出正确抉择的骄傲。

2. 不要摆架子

有个朋友为办一个手续,连跑了几个地方,不知为什么,总是解决不

了问题。有人说要送礼,他不懂送礼也不愿送礼,只是愤愤然骂上两句,自己苦恼不已。

一位朋友了解此事后,指点他直接去找某主任。

可他到了办公室却扑了空。追到家也没有人——还被势利的保姆"损"了几句。他顿时火起,却又"好男不跟女斗",只得裹着满腹懊恼回到家,发誓再也不去找人办事了。

那位朋友知晓后,哈哈大笑,说:"你呀,就这么不济事!在外边办事情哪有这么容易!我托人办事是一求、二求、三求,不行再四求、五求、六求。事实不可谓不详尽,道理不可谓不充分。现在,我不但脸皮厚了,连头发也变硬了!"

这一席话深深地触动了这位朋友。

第二天,他又"厚"了脸皮去找某主任,结果是出乎意料的顺利,主任只是照例问了一些问题便为他办了手续,烟都未抽一支。

人生一世,存活下去,需要经历数不清的大事、小事,需要请无数人帮忙。万事不求人是不可能的,既然要求人,脸皮太薄了显然是不行的。

"人在屋檐下,不得不低头",这句话有其客观的合理性。初涉世事的年轻人,往往"脸皮薄",放不下"清高"的架子,自然也就不能为社会所接纳,不能与环境相适应,自然也就难以真正迈出走向社会的第一步,难以对别人进行感情投资,难以取得成功。

3. 忍人之所不能忍

忍让,不仅更容易让别人接受你,而且还能保护自己。

汉初名将韩信,年轻时家境贫穷,他本人既不会溜须拍马、做官从政,又不会投机取巧、买卖经商。整天只顾研读兵书,最后,连一天两顿也没有着落,他只好背上家传宝剑,沿街讨饭。

有个财大气粗的屠夫看不起韩信这副寒酸迂腐的书生相,故意当众奚落说:"你虽然长得人高马大,又好佩马带剑,但不过是个胆小鬼罢了。你要是不怕死,就一剑捅了我;要是怕死,就从我裤裆下钻过去。"说罢双腿架开,立了个马步。众人一哄而上,且看韩信如何动作。

韩信认真地打量着屠夫,想了一想,竟然弯腰趴地,从屠夫的裤裆下面钻了过去。街上的人顿时哄然大笑,都说韩信是个胆小鬼。

韩信忍气吞声,闭门苦读。几年后,各地爆发反抗秦王朝统治的大起

义,韩信闻风而起,仗剑从军,争夺天下,威名四扬。

韩信忍胯下之辱因图盖世功业,成为千秋佳话。

假如,他当初争一时之气,一剑刺死羞辱他的屠夫,按法律处置,则无异于盖世将才之命抵偿无知狂徒之身。

假如,他当初图一时之快,与凌辱他的屠夫斗殴拼搏,也无异于弃鸿鹄之志而与燕雀论争。

韩信深明此理,宁愿忍辱负重,也不愿争一时之短长而毁弃自己之长远的前程。

这样的忍耐,不是屈服,而是退让中另谋进取;这样的忍耐,不是逆来顺受、甘为人奴,而是委曲求全以便我行我素。一旦时机到了,他就能如同水底潜龙冲腾而起,施展才干,创建功业。

当你在逆境中暴怒、哀怨或者颓废、自弃的时候,记住 2000 多年前孟子说的一句醒世恒言:"天将降大任于斯人也,必先苦其心志,劳其筋骨,饿其体肤,空乏其身,行拂乱其所为,所以动心忍性,增益其所不能。"

4.冷遇也是一顿美好的晚餐

与人交往受到冷遇是很常见的事。对此,不同的人有不同的反应:或拂袖而去,或纠缠不休,或怀恨在心。这样的反应其实是不利于办事的,甚至有时会因小失大,影响办事的效果。因此,了解受到冷遇的具体情况,再作出不同的反应,是十分必要的。

若是按冷遇的成因而分,不外三种情况:

一是自感性冷遇,即自己估计过高,对方未使自己满意而感到的冷落。

二是无意性冷遇,即对方考虑不周,顾此失彼,使人受冷落。

三是蓄意性冷遇,即对方存心怠慢,使人难堪。

当你被冷落时,要区别情况,弄清原因,再采取如下适当的对策。

对于自感性冷遇,自己应反复自省,实事求是地看待彼此关系,避免猜度人和嫉恨人。

其实,这种冷遇是对彼此关系估计过高,期望太大而形成的。这种冷遇是"假"冷遇,非"真"冷遇。如遇到这种情况,应自己检点自己,重新审视自己的期望值,使之适应彼此关系的客观水平。这样一想就会使自己的心理

恢复平静,除去不必要的烦恼。

而对于无意识冷遇,应该理解和宽恕。在交际场上,有时人多,主人难免照应不周,特别是各类、各层次人员同席时,出现顾此失彼的情形是常见的。这时,照顾不到的人就会产生被冷落的感觉。

对于有意性冷遇,也要具体情况具体分析,给予恰当的处理。一般地说,当众给来宾冷遇是一种不礼貌的行为,而有意给人冷落那就是思想意识问题了。在这种情况下,予以必要的回击,既是维护自尊的需要,也是刺激对方批判错误的正当行为。当然,回击并不一定非直通通地对骂不可,理智的回敬是最理想的办法。

还有一种方式,就是对有意冷落自己的行为持满不在乎的态度,以此自我解脱。有时候,对方冷落你是为了激怒你,使你远离他,而远离又不是你的意愿和选择。这时,聪明的人会采取不在意的态度,"厚脸皮"地面对冷落,我行我素,以热报冷,以有礼对无礼,从而使对方改变态度。

5. 失败没有什么可怕的

在你打算想和某人交往时,你也许会这样想:"如果我被拒绝,该怎么办?"有的人只朝顺利的方面想,一旦遭人拒绝,就会唉声叹气或是大骂对方混蛋。这种赢得输不得的人必须好好学习下面这位先生锲而不舍的心理功夫。

1832 年,美国有一个人和大家一道失业了。他很伤心,但他下决心改行从政,当个政治家,当个州议员。然而糟糕的是他竞选失败了。

一年遭受两次打击,这对他来说痛苦是接踵而至了。

他着手开办自己的企业,可是,不到一年,这家企业倒闭了。此后 17 年的时间里,他不得不为偿还债务而到处奔波,历尽了磨难。

他再次参加竞选州议员,这一次他当选了,他内心升起一丝希望,认定生活有了转机:"可能我可以成功了!"

第二年,即 1851 年,他与一位美丽的姑娘订婚。没料到,离结婚日期还有几个月的时候,未婚妻却不幸去世。这对他的精神打击太大了,他心力交瘁,数月卧床不起,因此患上了精神衰弱症。

1852 年,他觉得身体康复过来,于是决定竞选美国国会议员,仍然名落孙山。

一次次的尝试,一次次的失败,在你与别人交往时,碰到这种种的困

难,你会不会万念俱灰而放弃新的尝试呢?

但是他没有,他没有自问:"失败了怎么办?"

1854 年,他再度竞选国会议员,他认为自己争取作为国会议员的表现是出色的,相信选民会选举他。可是,出乎意料,他又一次落选了。

为了挣回竞选中花销的一大笔钱,他向州政府申请担任本州的土地官员。州政府退回了他的申请报告,上面的批文是:"本州的土地官员要求具备卓越的才能,超常的智慧,你的申请未能满足这些要求。"

接连的两次失败并未使他服输。1856 年,他竞选州议员,又失败了。过了两年,他竞选美国参议员,还是未能如愿。

在他一生经历的 11 次较大事仟当中,他只成功了两次,然后又是一连串的碰壁。可是,他始终没有停止自己 的追求,他一直在做自己生活的主宰。

1860 年,他当选为美国总统。

他,就是在美国历史上创建丰功伟绩的亚伯拉罕·林肯。

林肯在屡遭失败后,如果他放弃了尝试,美国的历史 就要重新改写了。然而,面对艰难、不幸和挫折,他没有动摇,没有沮丧,他坚持着、奋斗着。他根本没有想过放弃,他不愿意在失败之后放弃。

可以告诉你一个对别人进行成功的感情投资的最好办法:"继续尝试,下定决心达到目的。"

如果你能有坚强的意志,你就无所谓失败,当你与别人交往时,当你打算对他进行感情投资的时候,一定要充满信心、不怕失败,这样做的结果,你必定会赢得别人感情与信任,达到感情投资的目的。

6. 培养你的耐心

人们在不耐烦时,往往会变得粗鲁无礼,固执己见,使人感觉难以相处,更不要说给别人留下良好印象了,感情投资也就无从谈起。这种行为是有百害而无一益的。

俗语说:"心急吃不了热豆腐"。当一个人失去耐心时,同时随之失去的是明智的头脑与理智的分析。

怎样使自己变得有耐心,在生气的情况下也能心平气和呢?怎样控制自己的情绪呢?

你如果感到十分烦躁,请运用你的想象力,努力使自己深深地潜入一

个宁静的身心环境,进入一个稳定、美妙的境界。一位朋友说:"当我感到思绪纷乱的时候,我就努力想象小河岸边那宁静的风景胜地,它常使我的紧张和烦躁情绪消退许多。"

如果,你的急躁情绪纯属偶然,你的烦恼便自会消失,如果,你总是怒火中烧,怒不可遏,那你应该认识到你对自己看得过重了,以至于对任何人、任何事都不愿平等对待。试想,抱着这种态度怎么去与别人交往,怎么去对别人进行感情投资呢?只有具备耐心,才有成功的可能,尤其是感情投资,更是心急吃不了热豆腐。

做个有耐心的人不容易,做到平心静气是一种境界、一种气度、一种修养。

你应该具备的

课堂 6 树立自信开始疯狂社交

1. 相信你自己

美国第 16 任总统林肯可谓世界著名演说家, 他也曾有过这样的情况。下面是他的同时代人对他的一段回忆:

"他好像是不知所措,很吃力地去使自己适应情景,在过分忧虑和过敏的感觉中挣扎片刻,因而更使他难堪了。这时,我很同情了,他开始讲话,声音尖锐难听,古怪的姿态,黄皱的面孔,疑虑的动作,好像一切都在与他为难似的,好在这仅仅是一会儿而已。不久,他镇定了,他的才能也开始了。"

这段回忆说明,初登讲坛的人总不免会有一种由恐惧到镇定的过程。

跟众人说话与跟家人说话有什么不同呢?无非是跟众人说话,场面大些,陌生人多些。面对这种场面,说话人内心往往产生胆怯的心理,怕讲得不好被人耻笑,怕讲了要负责任……诸如此类的压力,都会造成说话者的恐惧心理。

美国著名心理学家艾伯特·威根也是广受欢迎的演说家,然而在他成功的背后也有一段克服恐惧的生命历程,多年后,他在写下这段经历时,提到他的高中时代,如何一想到要上台致词 5 分钟就寝食难安的情景:

"随着那致命的一日步步逼进,我几乎吓病了。每次一想到这恐怖的事,我就头晕目眩,两颊发热,必须躲到教室的后面,把脸贴在冰凉的墙

上,希望冷却那烫人的脸颊。一直到上大学,老毛病还是没改。有一次,我仔细地牢记了一篇演讲词的开端:'亚当斯和杰弗逊不要重现。'当我面对台下一张张仰起的脸孔时,我的头又开始转了,转得我自己不知置身何处。我努力想要说出第一句话,结果说成'亚当斯和杰弗逊已经去世',然后我就说不下去了。所以我就低头一鞠躬,在掌声中沉重地回到我的座位。接着主席起立说:'哦,艾伯特,我们很遗憾听到这个悲哀的消息,不过我想我们会节哀顺变的。'一语末终,可以想象全班的哄堂大笑,当时地底如果有个洞,我就会钻进去,一辈子再也不出来了。

这些历史上的巨匠尚且如此,普通人又何尝不是这样呢?所以,我们没有理由希望自己一鸣惊人,从娘胎里掉下来就是演说家。鲁迅先生早就告诫我们:不论怎样的天才,生下来第一声仍然是哭,而不是一首诗。想想这些,也就不觉得奇怪了。相反,那种从未对公众讲过话的人,一上场便镇定自若,谈吐自如,倒是令人奇怪不已,甚至难以置信。

2. 有谁生下来就是天才

日本前首相田中在《我的履历书》中曾作过记述:他小的时候有过严重的口吃,因为说话困难常常被同学歧视、捉弄。有一次,他不小心把几个新买的灯泡打碎了,情不自禁地发出"啊!"的一声,从此他知道生了气就可以情不自禁地发出声音来。

"口吃是个奇妙的东西。"他回忆道,"说梦话,唱歌的时候,同妹妹说话时就不结巴。跟自己的狗说话也绝不口吃。可是一旦同长辈说话就莫名其妙地结巴起来,越紧张越厉害,读了不少矫正口吃的书,也没有见效。后来我认识到并经常提醒自己:'我不口吃',从而得到自信,这才是要紧的事。我认为有意放声唱、放声朗读大有益处,因此到了深山就练习发大声。

"在当年的学艺会上,我演《辨庆安宅之关》中的辨庆。老师知道我口吃,要我当'导演'。但老师看到我的热诚,终于让我担任扮演'辨庆'主角的重要任务。

"当天,戏刚一开始,我挂着金刚杖,打扮成和尚就上场。大家要看口吃的田中究竟演什么样的辨庆,所以全场鸦雀无声。……"我带着演唱腔调开了头,结果意外顺利地说出了头一句台词。由此得到了勇气,难讲的《劝进帐》台词也能顺利地念下去了。戏一结束,全场响起暴风雨般的掌声。

"其实,我为了完成这个重要任务,想出了两种办法,第一是台词里带

上调子讲;第二是在演戏的时候加上音乐伴奏,便戏和音乐配合起来。这时候,成功地演出了辨庆角色,使我对克服口吃增添了莫大的信心。"

口吃的田中,固然有先天的生理缺陷。但他发现自己并非绝对的口吃,进而分析自己在某些场合下并不口吃,如同妹妹等小辈说话。这就是说,环境变异,才诱发他口吃的出现。其实,我们身边一些所谓不会说话的人何尝不是如此呢?在家说话从容自如,侃侃而谈,一到了大场面,到了正式发言,就变得张口结舌,既然这种恐惧在一定场合下才产生,那么它就并非一成不变。适应了各种场面,这种恐惧就可以克服。

恐惧心理往往还来自头脑中各种杂念,如说错要负责任,讲得不好人家会耻笑,甚至会害怕听众虎视眈眈的目光,诸如此类的恐惧和犹豫,都会干扰自己说话能力的正常发挥。所以,说话前应当对可能出现的问题作一番清理,扫除思想障碍,才能无拘无束地把话说下去。

田中把克服口吃的第一关键立到舞台上,这有着得天独厚的益处。在舞台上表演,虽然台下众目睽睽,但也很有裨益。相反,因为上台不是一般讲话,而是念台词,所以必须事先把要讲的话准备烂熟至融会贯通,越是烂熟,讲得越流利,因此,一个初学者要在众人面前镇静地开口,事先应有充分的准备,说话中心、层次、遣词、用句都要打个腹稿,否则临场时心中无底,就好像一个盲人领着一群盲人,如履薄冰,前瞻后顾。因此有人说,没有准备的上场就像衣冠不整地站在众人面前那么狼狈。

3. 德摩斯梯尼的疯狂秘诀

公元前雅典的演说家德摩斯梯尼 18 岁的时候,曾参加一次关于民主和独裁的辩论大会,尽管说话前他已作过长时间的准备,一上台仍是老病复发——口吃。在急乱中,一些不良的习惯动作如耸肩膀又出现,惹得台下哄然大笑,最后只好灰溜溜地离开会场。后来,遇到一位著名演员,就把失败的苦衷向他诉说了。演员答应帮助,便翻开剧本《普罗米修斯》,指导他念其中的一段。德摩斯梯尼照着念了一遍之后,演员也朗读起来,使德摩斯梯尼大为惊讶的是,演员那洪亮的嗓音,刚劲的手势,一切那么协调,使人感到一种强烈的美感。从此,德摩斯梯尼每天跟演员一起练嗓子,培养大声朗读的习惯,甚至在登山或在海滨散步时也力求使自己的声音盖过疾风狂涛;为了纠正口吃,使声音清晰,他把小石子含在嘴里,练习发音的清楚。除了训练发音器官外,他还努力加强文学修养,希腊的诗歌、神

话、悲喜剧,他都熟读乃至背诵,还多次观摩雅典著名哲学家柏拉图的演说。经过12年的艰苦磨练,终于成为一位优秀演说家。

公元338年,马其顿国王腓力二世率领大军入侵希腊半岛,雅典成千上万的公民聚集在大广场。这时,德摩斯梯尼上台演说,他说:"公民们,要镇静! 具有民主传统的雅典人会向独裁的腓力二世屈服吗? 不,不会! 公民们,要勇敢! 具有爱国和牺牲精神的雅典人会被野蛮的侵略者所征服吗? 不,不会!公民们,光荣的雅典人,团结起来,行动起来,胜利是有希望的,胜利就在明天…"

这一段烈火般的演说,其思路如推开灵感的闸门,滔滔不绝,其宏论的逻辑力量,其情绪感染力,使满场为之振奋,无不为之折服。人民被鼓动起来,气势如虹,奋勇出击战胜了侵略者。

4. 练习、练习、练习

德摩斯梯尼成功的奥秘在哪儿呢?一句话还是练习。练习要明确目的才有方向,那么,训练说话的目的是什么呢?

首先要有实在的内容和清晰的观点,不说假话、空话、大话、套话。

另外,意思要集中,前后连贯,不离题,不漫无边际、东拉西扯;力求语脉清楚,语言连贯。

还有,用词要妥贴,语句要完整,句式要有所变化,符合口语习惯。

最后,还应有一定的概括能力,在限定的时间里,把自己的思想完整地表达出来。

5. 扩展你的知识范围

有些会议,在主要发言人讲完以后,非得下面的干部一个个表态。有些明明没有什么好讲的,也要来那么三五句。除了会风不正之外,从说话的角度讲,也是违反说话基本要求的;既然没什么说的,硬憋几句,除了浪费时间,引起听众反感、烦躁之外,还有什么效果呢?因此,没有话说宁可不讲。

要有话说首先要有内容,"练"才有依据。我们力求每一句话都实实在在地表现一定的思想。为了充实我们的思想,这就要千方百计加强观察与记忆。

我们生活在社会之中,要处处观察、研究社会,因为人的认识依赖于实践,来源于实践。既然人的认识总是从通过自己的感官从客观世界取得

感觉经验开始的,而感觉经验又必须接触了某种事物才能产生,所以实践活动越多越深入,直接接触的事物越多,能提供我们说话的材料就越丰富。我们常常看到一些文化不高、但生活阅历广的人,天下之大,容于一胸,谈天说地滔滔不绝,就是因为见识广,说起话来就有了充分的内容了。

但不是凡阅历广的人都善于讲话,阅历广只是一个基础,还必须有一定的条件。

6. 做一个生活中的观察者

发明电灯的大科学家爱迪生,有 27 个助手。这群助手每天在从灯泡厂到研究室的路上来回。有一次,爱迪生说要出一道基础题,要大家准备一下,助手们废寝忘食准备了几天,应考时,爱迪生问的不是课文知识,而是问路上有一棵什么果树,居然没人能回答得出来。

为什么这些助手在此时无话可答呢?原因只有一个,就是没有留意观察。光看不行,还要仔细观察,否则许多摆在眼前的事物会视而不见。《纽约时报》著名记者迪姆士·泰勒初当记者不久,去采访某著名女演员的首场演出。到了剧场以后,才发现演出已取消。于是空手而归,回家安然大睡。半夜时分,泰勒被电话铃吵醒了,编辑气冲冲地在电话里斥责他,其他报纸的头条新闻都报道这位女演员自杀。编辑说:"像这样一个名演员的首场演出被取消,本身就是新闻,它的背后,可能有更大的新闻;记住,以后你的鼻子不要再被感冒堵塞了。"

过去英国《泰晤士报》总编要求,每个初来的记者向他报到时,第一件事要说出上办公室前爬了多少阶梯。对方若回答不出来,要下楼重数。然后,总编告诉记者:"你想要成为有出息的记者,就要从楼梯级开始学会观察。"如果我们对周围的各种人和事不注意观察,如一团烟雾,混混沌沌,即使硬要说,也只能影影绰绰,不会有鲜明感。那还会有什么话说呢。

保持敏锐的观察力,要向儿童学习。鲁迅先生说过:"孩子是可敬佩的,他常常想到星月以上的境界,想到地面下的情形,想到花卉的用处,想到昆虫的语言,他想飞人天空,他想潜入蚁穴……"儿童们丰富的幻想,无休止的好奇心,无穷无尽的疑问,对一切都想进行探求。永保童心就是保持探索客观现实的激情、兴趣、专注和豪放的思想,开阔的意境,对纷至沓来的新事物都执著地进行细心的观察与思考,创根求源。许多有重大价值的事实往往在细致的观察中被发现,否则,再有价值的事实你也会视而不

见,听而不闻了。

7. 训练你的记忆力

有个没有真才实学的人,喜欢卖弄自己聪明。一次他告诉别人:"我看过一首咏老虎的诗,做得实在妙极了。虽然只有四句,却把老虎写活了。"

人家请他念来听听。他摇头晃脑地说:"第一句好像是什么虎,第二句大概是什么苦。"人家见他两句都没念出来,有些不耐烦,让他说两句算了。那人歪着脑袋想了大半天,才说:"第三句真的忘了,好在第四句记得清楚,是厉害得很的意思。"

聪明的读者一定可以在捧腹之余,得到某些启发吧。这说明记忆是把话说好的一个条件。

在我们阅读周总理对外宾谈话的材料时,常常被他那惊人的记忆力所折服。有人由于记不住,便总想借助讲稿。其实,除了一些郑重的政治场合外,说话使用讲稿并非一个好办法,它不但阻碍你和听众之间可贵的接触和感情交流,而且多少给人以生硬造作之感。甚至使听众认为你对自己的讲话缺乏自信而减少信服力。

但是,尽量不带讲稿并不等于不必准备,不等于可以临场信口开河。对一些必要的事实,可以事先进行记忆。如果预先写一个大纲,把它记熟,讲起来就有了脉络, 即兴发挥也不致离题万里。前日本首相田中很能说话,这与他极强的记忆力分不开,他主张必须记住的,要全部死记硬背。对《广辞林》也是撕下一张揣在口袋里,全部记住了才撕掉,再撕下第二张。

他又说:"读了书要记得, 听了讲要懂得, 如果读书或听讲都不能记住,那就什么用处也没有。启发式的教育,自学的教育,看来的确是很好的,但是如果对原理、定理、方程式或者衡量事物的尺度等,都不下苦功把它记住,就不能得到新的进步和发展。"

8. 马克·吐温记忆妙法

马克·吐温演说,总是带讲稿。后来,他想出一种帮助记忆的妙法,他在一家刊物上这样介绍:

"最难记忆的是数字,因为它既单调又没有显著的外形,如果你能在脑海中把一幅图画和数字联系起来,记忆就容易多了。如果这幅图画是你想出来的,那你更不会忘掉了。我曾经有过这种经验,在 30 年前,每晚我都要演讲一次,所以我每晚要写一个简单的演说稿,把每段的意思用一个

句子写出来,平均每篇约 11 句,有一天晚上,忽然把次序忘了,使我窘得满头大汗。由于经验,于是我想了一个办法:在每个指甲上依次写上一个号码,共计十个,第二天晚上我再去演说,便常常留心指甲,并为使不致忘掉看的那个指甲,看完一个便把号码揩去一个。但是这样一来,听众都奇怪,我为什么一直望着自己的指甲。结果,这次的演讲不消说又是失败。

　　"忽然,我想为什么不用图来代表次序呢?这使我立刻解决了一切阑难。回家我用笔画了六幅图画,用来表示 11 个话题。然后我把图画抛开,但是那些图画已给我一个很深的印象,只要我闭上眼睛,图画就很清晰地出现在眼前。

　　在日常说话中,最大量的是即兴的讲话,现想现说,要有内容就更要依靠平时的积累,没有记忆的大量信息储存,要把话说好更是不可想象的。

第二单元 社交口才培养

开口说话前的准备

1. 一个谈话高手首先是一个优秀的倾听者

我们谁都知道,每个人最关心的自然是自己。由于这种心理,有些人便经常犯这样一种错误——不喜欢听别人讲话,他们要么滔滔不绝地与人说个不停,不顾他人作何反应;要么当人讲话时,注意力不大集中,总是心不在焉。这种行为严重影响了交际的效果。记住:你要使人喜欢你,那就做一个善于倾听的人,鼓励别人多谈他们自己。

卡耐基用自己的经验证实了这一点:

最近我应邀参加一场纸牌会。我个人不会打纸牌,另有一位美丽的女子也不会打。我们正好坐下来聊聊天。她知道我在汤姆士从事无线电事业之前,曾一度做过她的私人助理,当时我曾到欧洲各地去旅行,帮助她预备她要播发的讲解旅行的资料,所以她说:"哪,卡耐基先生,我想请你告诉我所有你到过的名胜及所见过的奇景。"

当我们在沙发上坐下的时候,她提到她同她的丈夫最近刚从非洲旅行回来。"非洲!"我说,"多么有趣!我总想去看看非洲,但除在爱尔裘士停过 24 小时外,其他地方还没到过。告诉我,你曾游历过野兽的乡间,是吗?多么幸运!我羡慕你!告诉我关于非洲的情形吧。"

那次谈话谈了 45 分钟。她不再问我到过什么地方,看见过什么东西了。她不要听我谈话我的旅行,她所需要的不过是一个专注的静听者,以使她能扩大她的自我,而讲述她所到过的地方。

在现实生活中,类似这位女子的人特殊而少见吗?不,许多人也是如此。

例如,我最近在纽约出版商格利伯的宴会上遇见一位著名的植物学家。我从来没和植物学家谈过话,我觉得他极有诱惑力。我真的坐在椅子上,静听她讲大麻,室内花园,以及关于卑贱的马铃薯的惊人事实。我自己

有一个小室内花园——他非常殷勤地告诉我如何解决我的几种问题。

我已经说过，我们是在宴会中。一定还有十几位别的客人在那里。但我违反了所有礼节的定例，忽略了其他人，与这位植物学家谈了数小时之久。

到了午夜，与其他客人道别告辞时，这位植物学家转向主人，对我极力恭维。说我是"最富激励性"的等等好话，最后他还说我是一个"最有趣的谈话家"。一个有趣味的谈话家？我？天哪，我差不多没有说什么话。如我不改题目，即使要说，也不能说，因为我对于植物学所知道的不会比企鹅的解剖学多。但我做到了一点：我已经注意倾听，我曾倾听，因为我真正地对此发生了兴趣。他也觉察到了这一点，那自然使他欢喜。倾听是我们对任何人的一种最好的恭维。

2. 把握听者的心理

对说话者来说，听众是说话的客体因素，说话者要充分了解听众，掌握听众的心理特点和要求，才能有效地征服听众，达到说话的目的。

在口语交际中，一般来说，听众处于被动的、从属的地位，但整个说话是说话者和听众的两极合璧，听众在接受过程中不是被动的、消极的，他们将对整个表述进行评价，并作出反应，从而影响表达者。

听众是由无数个个体临时聚合起来的，他们由于职业、年龄、性别、文化程度的不同，会对表达者的言语有所侧重私选择，但他们有共同的要求。

（1）厌繁杂，喜精短。听众都喜欢短小精悍、言简意赅的说话，因此即兴发言时要尽量长话短说，克服口头禅，少用无关紧要的喻例，资料等，让每句话融入更多的信息量。

（2）厌粗俗，喜新颖。求新，是人们普遍的心理要求。一般听众都希望听到新颖独到的事例与哲理，因此即兴发言时要尽量组织新颖少见的材料，新奇独具的见解，借助于自然质朴的表达技巧，以吸引听众。

（3）厌空洞，喜形象。具体的形象具有直接性和易于"印证"的品格，更易于引起听众的注意，唤起听众的想象，因此，表达者要把抽象思维和形象思维有机统一起来，让事实托出道理，让形象思维补充抽象思维，给听众以生动形象感。

3. 让每个听众对你心存好感

人们在面对自己喜欢或对自己重要的人物时，总会以穿着、打扮、说话语调、态度等方面做"印象整饰"，以获得别人好评与肯定。在社交场合，

这一点非常重要,我们应该从每一个地方做起,让别人对自己心存好感。

台湾日立公司董事长许明传被歹徒绑架,勒赎二千二百万元,警方动员海陆空警力追捕,终于将主嫌犯周伟成等三人逮捕。当许明传被警员解开丝袜与胶布后,看到太太与女儿,三人即激动地抱头痛哭。随后一个戴手铐、始终低头的男子突然下跪,许明传定神一看,凶嫌竟是被他视为"义子"的周伟成,心中的愤怒顿时猛起,失望亦达到极点。

为什么许明传的反应会如此愤怒和伤心呢?因为许明传没有儿子,所以将做古董生意、有十年交情的周伟成视为义子,并常邀请周伟成到家中做客或借钱给他。以"交换理论"来说,许明传所获得的"报酬",不符合他原先的"预期"甚至变成负面的"意外惩罚",所以心中的愤怒与失望油然而生。

当时许明传被绑,双眼被蒙住,手脚也被丝袜捆绑,每天只吃两片面包,所以三天后,当他被警方救出,出现于"午间电视新闻"时,蓬头乱发、胡子末刮、满脸憔悴,并有恍如隔世的激动。

但是,许明传在返家、梳整打扮后,西装笔挺、神采奕奕地于"时间新闻"中重新在养乐多董事长陈重光的伴下,许明传面带微笑地接受记者访问,表示人间亲情的可贵不是金钱可以换取的。

许明传身着西装领带,满面笑容地谈话,乃是一种"印象整饰"用来改变观众对他原先末整乱发、樵悼无力的印象。在人际交往中,"印象整饰"不时地在你我的言行中出现,因我们经常选择最利己的言辞、表情、动作或服装,以导引他人对我们有良好的印象。例如,为使初次见面的朋友有好感,出行前特别梳妆打扮,并在谈话中,表现出十分淑女或绅士的模样。有人为了获得上司欣赏,谈吐中不断逢迎恭维、顺服谦虚,或是大大地自我展现一番,这些都是"印象整饰"。

"印象整饰"理论的意义是强调"适时、适度的表现适当的我",其方式可以是"语言"和"非语言"的。不过由于人的性格不同,"印象整饰"技巧好的人会善于"控制"自己的情绪和言行举止,以获得别人的好评与肯定。换言之,人们常利用"印象整饰",来建立彼此的认同与情谊。

事实上,"印象整饰"并非只有一套或一成不变,而是随着对他人的"好恶"而调整。譬如,一女孩相亲前打扮得漂漂亮亮,并努力"克制"自己并成为"娇羞可爱"的样子;但当她见到男生时,发现他不是心目中的白马

王子,就以另外一种猛吃、不说话的"负面印象整饰"策略,来吓退对方,使男生吓得打退堂鼓。

我第一次相亲前告诉小李,如果我不满意女方,会借故在用餐时出来打电话,请小李用"呼叫器"call 我,让我有借口说我有急事,必须提早离开。见面相亲时,我兴奋满意地用餐,没想到那小姐的"大哥大"响了,只听她说:"什么? 真的啊? 好,我马上过来! "

于是,她说,她有很紧急的事要先走。餐桌前,只有我不知该如何形容的惊博与茫然!

4. 定好说话的主题

主题是说话最主要,最关键的内容,是整个说话过程的根本依据。说话中的每一个层次、每一个段落、每一句话语,甚至每一个词都反映着一个意思,而这些意思,又都统帅在主题之下。主题一旦确定,便为材料的增删取舍 创造了条件。下面介绍几种常用的提炼主题的方式。

临场触发:所谓临场触发式就是着眼于临场中的某一客观实物的特点与本质,并由此进行主观任意的联想,立即闪现出一种不平常的情绪,然后把它表之于外。如有一位演讲者曾这样开始他的演讲:"看到这个演讲者做了一个双手合十的动作,不禁使我想起了我们的佛教,想起了佛教历史的源远流长……"

胚芽孕育:当我们置身于一些演讲会、座谈会、迎送 会等场合时。常常受到当时气氛的影响,看到别人滔滔不 绝、佩佩而谈,自己也想说几句。而怎么说呢?主要得力于别人的表达,从别人的表达过程中找到话题,孕育主题。这就是胚芽孕育式。这种方式要新颖独特,发人之末发,言人之末言。在别人的表达中萌发一个新的观点,才能收到良好的效果。

问题凝练:问题是主题形成的摇篮。在许多情况下,没有问题,就不能提炼主题。在一些公共场合,别人都说了几句,而自己正襟危坐,怎么办?此时金口不开不行。于是向自己提出一连串的问题:怎么办?说什么,怎么说? ……有价值的主题往往就产生于有价值的问题之中。

角度更新:对同一个问题,从不同的方面去表达,之角度翻新,表达出众。比如同时以"小草"为题进行即兴演讲,平常者可能立足于"小草默默无闻,造福人类"这一角度进行表述;而灵变者则想到"小草逆来顺受,软弱无能,不思反抗等特征",即兴演讲,别有一番风采。

开口说话的心理训练

1. 消灭恐惧的心理训练

虽然大多数人有说话胆怯的心理，但造成这种心理的原因却有可能是千差万别的。比如，有些人经常能说出一些让人大笑或使人感兴趣的事，可谓是相当会说话，但是，真正到了正式场合，面对一大群人或是广播用的麦克风，他们就不知所措了。这是为什么呢？

有关学者通过长期观察发现了造成这种紧张、恐惧心理的原因。

一个原因是不想献丑。这些人的想法是，只要我不在他人面前暴露自己，别人也就不会知道我的缺点。但是一旦在众人面前说话，自己的粗浅根底，拙劣看法都会暴露出来了，那么从此以后，哪有自己的立足之地？所以，不说话更稳妥。

其实，只要你认真地发挥全力，诚诚恳恳地把话说出来，不必踮高足尖来充内行，相信一定会有不错的表现。

另一个原因是不知道该如何组织说话的内容，就像被硬拉到陌生的世界一样，所以会感到惊惶。

其实，只要我们看清造成自己紧张、恐惧心理的原因，科学地分析它，就会意外地发现根本没有什么好怕的。

有的人怕自己才疏学浅被别人知道，于是就装出一副什么都懂的样子，结果弄巧成拙，被人贻笑，实在可怜可鄙，而且根本没有必要。

试想，一个不善言辞的人和一个一流的演说家，同样在人前发表意见时，谁的压力比较大呢？对于一个不善言辞的人，社会上的人或听众并不会对他有多大的期待，想想这点，就不应该紧张了，就可以安心了。然而，对于知识渊博、谈吐自如的演说家，大家却都寄厚望于他，会对他的演说作录音、记笔记，这样高度的关心和注意，理所当然会造成台上的人心中无比的压力。因此，那些被视为大人物者，在上台演讲或致词前，自己的心经常是非常紧张的，只不过别人很难看得出而已。

如果一位知名人物，在承受巨大的压力下，却一点也不紧张的话，那只能说他对这种压力毫不在乎，但是就一位说话技巧不够娴熟的人来说，恐怕还很难达到这种心境。他很可能在上台之前想着：我一定要成功，不

能出丑,不能失败;有时候甚至祈祷:愿上帝保佑我的说话成功。然而,一流的演说家在上台前,唯一想的是:一定得上台,如果演讲中出了什么差错,应该像以前那样轻松自如、不知不觉地尽力挽救,切不可因出错而不知所措、慌了手脚。

2.说话的自信心训练

日常生活中,有的人口若悬河,滔滔不绝;有的人期期艾艾,不知所云;有的谈吐隽永,满座生风;有的语言干瘪,意兴阑珊;有的唇枪舌剑,妙语连珠;有的反应迟钝,言不及义……总之,这些人虽然不是哑巴,说起话来却有着天渊之别。

其实,每个人都想展现自己,展示自己,希望自己能说会道,谈吐有致,可嘴巴偏不争气,一说起来就词不达意,结结巴巴。这主要是缺少自信,心智衰微所致。具体说来,首先是情绪紧张。紧张不安严重地影响表达。其次是抬高别人,否定自己。一感觉到对方不同意自己的意见,就急忙改口收回,使表达没有主旨,立意不分明。另外,过于谦虚,有些年轻人在即兴演讲或发言时,常常要按老套"谦虚"几句:"我这个人不会说话,说得不好,请大家原谅!"或"我没准备,本不想讲的,是李主任要我讲的,嗯,我就讲几句吧!"这种自己看不起自己的"丧气话",一开始就在听众心目中难以留下好感!"

所以,说话最大的障碍不是对象,不是技巧,而是说话者自己,是表达者的心态使然。缺乏自信心,是即兴说话成功的最大的障碍。这就要求我们:

(1)加强知识积累,提高文化素养。

"知识就是力量",只有用知识武装自己,说起话来才能镇定自如,侃侃而谈。

(2)大胆地与人交往,自信但不自傲。

对人的了解,始终是学习口才最值得重视的课题。因为唯有对人有所了解,与人融洽,才能使口才得以实现。你可以从四周与你接触较频繁的人着手,并经常主动地关怀对方。那么,对方就很容易对你产生好感,愿意和你说话。要处处设身处地为人着想,经常以亲切态度对待他人,即使普通的泛泛之交,也可以变成知己。

(3)调节自我心理,加强自我训练。

　　除了人际关系外,还要作一些练习,通过实践去逐步树立信心。下面介绍一种很简单的"镜子训练法":

　　对着镜子灵活自如地大量表达,尽量选择不同场合的话题。慢慢地,你会发现,一次比一次自然,紧张的心理在无形中淡薄了。比如,单位要你接待一批客人,现在客人已经在会议室里了。你可以拟定这样一份开场白:"来宾们! 朋友们! 经理来讲话之前,他要我请大家先上二楼,那里陈列着一些样本和图片,希望各位能先去参观一下。座谈会在八点十五分开始。"

　　现在,该把这段话难着镜子练习了。你要记着三件事:①"介绍词";②讲话速度不要太快;③要自然。

　　3. 提高情绪心理训练

　　美国有人曾以"你最怕什么"为题作过社会调查,调查问卷显示:大部分部害怕在众人面前讲话。

　　而事实确实如此。很多人在公众场合发言都会感到胸中有一股压力,呼吸急促,脸部僵硬,十分紧张。

　　要消除这种紧张、恐惧心理的方法是多种多样的。这里介绍一种通过巧妙地提高自己的情绪来冲淡紧张、恐惧心理的有效办法。

　　某位电视节目主持人对这种方法颇有体会,例如,这位节目主持人曾经主持过一个"民歌大家唱"的节目,节目中经常邀请各地的人来到直播室,轮流唱两三首乡土歌谣。大家在排练时都非常卖力,并不紧张,但等到排练结束,休息一个小时后,幕布垂下来了,参观的宾客渐渐增加,表演的人就开始紧张了。

　　透过幕布,可以听到观众的吵闹声。等到开幕前的 5 分钟铃声响起,第一批上场的人就依规定集合在舞台左右两边。此时,一定有几个要表演的人,以颤抖的声音对节目主持人说:"我好紧张啊!真羡慕你,一点都不怕。"每当遇到这种情况,节目主持人总会回答他说:"如果有人不会紧张,那他该去看医生了,因为他的神经可能有些问题。虽然我看起来很镇静,但实际上我也相当紧张呢!你们看,我的腿不是正在发抖吗?"

　　"真的呀! 跟我们一样嘛!"就在一阵笑声中,稍微冲淡了大家的紧张情绪。

　　可以断言,所有的演员、歌星、演说家,在即将上台或若录音之前,都会感到紧张。这并非主观臆断,其实好多名人都自己承认这种说法。

"如果不紧张,就不是歌星了,因为每次在上台前都必须认真地准备,说不,准是骗人的。"香港有位现代流行歌曲歌星如此坦然地道出了她的心声。

"我总是很紧张,台下的观众也跟我一样,这种关系一直持续下去,才能达到表演的最佳状态。"一位既讲相声又演小品的大牌演员也这样承认。

"我好紧张啊!"许多广播或电视节目主持人在节目开始前都不免会这样诉说。

不难看出,以上这些都有一个共同之点,那就是:即使心中很紧张,也绝不掩饰,反而把心中的压力状态开朗地暴露出来,这么一做,倒可以把紧张的心情一点一点地排除。

另外,还有一个很好的缓和自己情绪的方法,即如果我们遇到紧张心情出现,可以试着这样来自我安慰:"唉!刚好又开始紧张了。如果个人对于在众人面前亮相已经完全习以为常,没什么感觉与反应,那就完了。幸好,今天还是会紧张。心跳不停。真是好极了。"

这样不就巧妙地缓和了自己紧张的情绪了吗?只要那种紧张情绪一冲淡,就可以大胆开口说话了。

实用口才技巧点拨

1.学会用最佳的说话方式

要想有良好的口才,最基本的是能够正确的发音,对于每个词,都必须发音清楚。清楚的发音可以依赖平时的练习,注意别人的谈话,朗读书报,多听收音机广播等。说话时,句子要明白易懂,避免用艰涩词汇。否则说话不但会使人听不懂,而且弄巧成拙。

说话的速度不宜太快亦不宜太慢,说话太快,会使听的人不易听懂,有人以为说话快些,可以节省时间,其实,不管是讲话的人,还是听话的人,都不能确切把握话中的内容。说得太慢,既浪费时间,又会使听的人不耐烦。

说话是一种艺术,也是一门诀窍,我们必须掌握这种巧妙的方法,然后才能获得成功。在说话的时候要认清对方,顾虑别人的反应,坦白爽直,

细心谨慎。平常的谈话,每次都不可太长,说话的时候不可唯我独尊。因为我们说话的目的是说明一些事情,使人发生兴趣。所以要清晰明白! 信口开河、放连珠炮,都是不好的说话方式。信口开河并非表示你很会说话,相反,证明你说话不够热诚、不负责任。至于说话像放连珠炮,那只会使人厌烦,因为这样别人就没有机会启齿了。

在公共场合说话,还要顾虑到别人的安宁,声音不要太大。假如你是对众人演说,要注意自己说话声音是否能使每一个人都听得到,形容一件事,或者一个人,都必须恰到好处;过犹不及,别以为夸大之词可以收到预期的效果,实则相反,言过其实,定会受人轻视。

另外,说话要注意调整音调。说话是为了表达具有内容的意思和事情的;声调是说话者的微妙感情的运用。

例如,工作繁忙的时候,电话铃一响,有人常常用急躁的声调来应对,让对方感到不快,这样往往会刺激对方的感情,只有具有明快感的优美声调,才能唤起听者的好感。感染力强的声调,可以给予听者联想欢快乐曲的快感。

怎样才能发出感染力强的声调呢?

(1) 发出明确的声音。

把嘴完全张开说话。嘴张得小,嘴里好像含着东西说话的人,发出的声,别人听不清楚。最好是在镜子前练习张大嘴说话。其次要注意呼吸的方法。充分吸气,随着话语吐气就可以了。有人说过:"出声的要领犹如吐痰,像吐痰时加压一样,出声的方法也要让气息像碰着上牙根那样出去。"这一比喻充分说明了出声方法的诀窍。

(2) 用明快的语调说话。

明快的声调具有能打动人心的魅力。明快的声调,即使是在电话里听到的,也会使人产生一种明快的感觉。

(3) 要了解头声和胸声的区别。

人的头与胸犹如小提琴或吉他琴的琴体,吐出的气息在那儿共鸣而成和声。能很好地产生共鸣,乐曲就能产生好的音色,与此类似,人类如能巧妙地掌握头和胸的共鸣,也能产生优美的音色。

(4) 要使耳朵有好的环境。

最好能努力创造欣赏好音乐的条件,接触说话音感优美的人和环境,

由于从耳朵的刺激很重要,所以经常使耳朵处于良好的环境中,而且在自己说话时。即使是日常的一两句话,也要尽量发出听感优美的音。

2. 选择最佳的开场白

美国著名的口才大师洛克伍德·桑佩说:"在整个说话的过程中做到轻松地、巧妙地和听众交流思想是内难的。然而,做到这一点的关键是讲话开头的用字和表达。"所以表达者要殚精竭虑,全力以赴对付好开头。设置悬念,讲究文采,引人入胜,力求一开口就能拨动听众的神经。如果能在开始就让听众产生一种肯定的心理定势,那么这种心理将伴着他们听完你的整个演讲。因此,开头切忌冗长平庸空话连篇,切忌平板严肃,套话说教。

说话开头的方法很多,或单刀直入,或迂回进攻,或敞开发问,或试探而进。下面介绍几种。

(1)开宗明义式:一开始就亮出自己观点,肯定什么,否定什么,批评什么,赞扬什么,和盘托出,清清白白,如公元前44年罗马的安东尼在为恺撒辩护时,是这样开场的:

"我今天来,是来安葬恺撒,并不是来赞扬他的功德。我看人生在世,'好事人泥沙,坏事传千古'这句话无异是为凯撒说的。布鲁图斯是一个高尚的人,他告诉你们,说凯撒的野心勃勃,如果真如此,自然是恺撒的大错,恺撒已死,也算是已偿了他的债了。我今承布鲁图斯的好意,准我在这里说几句话,所以我得在凯撒的灵前说几句。"

(2)笑话、故事式:运用笑话、故事开头很能吸引听众。如下面的开头:

"去年12月,《青海日报》披露了这样一个事实:一个年仅9岁的小学四年级学生夏雯,因期末考试两门功课成绩低于90分,竟被母亲活活打死……"

(3)展示物件式:运用此法开头可以给听众以形象感、新颖感,一下子抓住听众注意力。

(4)引用名言警语式:运用此法能启开人心靡,振奋精神。如下面一则开头:

"一个人要有志气。法国生物学家巴斯德在18岁时写过一段名言,他说:工作随着志向定,成功随着工作采,这是一定的规律,立志、工作、成功是人类活动的三大要素。"

(5)我介绍式:"我叫汤兹,三点水的'汤',三个火的'炎',我这人就

是好动,难求安静,因此,我考大学时选择了舞蹈专业。"

（6）提问式:利用此法利于引起听众的注意,利于控制气氛。我们看看加里宁的一次演讲开场白:

"青年的特征究竟是什么呢?共青团员与普通成年人——譬如说——与我比较起来,究竟有什么原因呢?……"

（7）新闻式:开头讲一则新鲜事。

（8）猜谜语:说一个谜语让听者猜。

（9）悬念开头式。一开始就给人一个悬念拴住他的心。

3.旁敲侧击的经典技巧

（1）持平之论

当你作为一名组织的代表去回答公众提出的问题时,由于你的身份,当然不能讲有损组织的话。对于你维护本组织利益的做法,肯定会有人站出来为难你，如果仅仅是为了实际的利益在大众媒体之下与他人产生冲突,这将有损您的形象,最终也会有损公司和团体的形象,这时候没有足够的智慧机变如神,再怎样博学多才经纶满腹,都难免陷入困境,因此运用折中的语言讲一些调和的话作适当的退让就显得非常有必要,这样做并不损害公司团体的利益,公司仍然可以坚持自己的立场,还有很多机会让本集团重申自己的观点。你眼下能做到最好的就是给人一种公平的印象,没有偏向,并不介意狭隘的利益,不必和公众舆论引起冲突,否则那些新闻记者,会抓住这件事纠缠不放。他们是真正的"唯恐天下不乱者",为了炒热新闻,没有一个记者会替你说话,因为他的心里很清楚,他们并不需要"真理",没有必要替谁澄清事实,他们需要的是新闻,他们的镜头抓的是"困窘"和"丑态",只要你稍有失态他们就会感到"有文章可做",如果过于平淡无奇,他就不一定非要报道不可。你只有把问题处理得像水一样平淡无味,他们才会转而为你讲话,公认你通情达理能文能武,得到一致的好评,他们的职业决定了他们,不是夸大你的腹背之毛,自命不凡,就是赞扬你天纵多能,游刃有余,以此去迎合读者的口味。只要你看看报摊上的各种报纸的比例,你就会同意我的观点,那些宣传"真理"的报纸是无人问津的,炒新闻的报纸卖得郡很好。记者能为你做什么就是十分清楚的了。

（2）忠言逆耳

这并非让你不说真话，你要懂得忠实的劝告人，人听起来都觉得不好受。因为工作需要，你有可能需要去访谈各种各样的人，他可能是政府要人，也可能是影视演员或杀人犯，你始终不要忘了访谈的目的，你是去采访他希望对方能积极配合，如果你把这次会面当成了提意见、评判是非或宣传道德说教的机会，那你就完全错了，你绝对不能当面提这些问题，在访谈结束后，你顺利地完成了这项工作，利用传媒再给他提出修正意见，宣讲教义，提出忠告，这才是切实可行的。在这之前你说的每一句话都必须认真考虑对方是否能接受和可能接受的程序。要会利用语言的多义甚至是歧义，注意发问方式的多样性，切不可逼迫得对方没有话说，要给他创造自由发挥的条件。

访谈中是这样，社交生活中也是如此。没有必要对主人或来宾提出批评或忠告，说大家都感兴趣的话题，讲自己最擅长的话题，比如度假旅游、健身运动，向大家介绍最有特色的酒廊，最有情调的夜总会，如此别人便会觉得你的话最中听，你的语言最美，你的话题最有吸引力，而最受欢迎，这种时刻即使是最明显的花言巧语或插科打诨，都会受到欢迎。

（3）旁敲侧击

有一条交际准则，那就是，说话不能如同巷子赶猪直来直去，要讲究说话的技巧，善于捕捉时机。同样一句话，如果时机掌握得不好，可能起不到应有的作用，还有可能引起对方反感，造成不好的影响，只有掌握好了时机，并适当地注意到了说话的方式，才有可能达到你的目的。在这个方面西方人有西方人的技巧，东方人有东方人的方式。我们国家从来有供养食客幕僚的遗风，尤其是动荡的年代，这个特殊的阶层表现得丰富活跃，在很多时候，他们起着举足轻重的作用，这些幕后军师往往能言巧辩口谐辞给，能经纬天地，登堂入室，他们大多不愧为一代英雄，由于他们扮演的特殊角色，不能越矩行事，哗众取宠，因而他们最擅长的便是旁敲侧击，充分表现了转弯抹角的才能和谋士的深谋远虑"他们不是用隐语就是用反语来讽刺、寻衅，从旁边敲打，既能保全主子的面子，也能起到震撼主子以使主子警醒的作用。

在交际中，为了避免简单地批评对方（这在交际中是非常不礼貌的做法），保全对方的面子，维护朋友的自尊心，因而擅不擅长审时度势，旁敲

侧击,是一个人交际能力和语言表达水平的表现,要想成功地进行交际活动,不树敌,受到圈内人的欢迎,就必须学会旁敲侧击,既能表现自己的见识,不被俗不可耐的袜线之才淹没,又能获得众人的好评。

4. 寻找说话重点,做到有的放矢

说话要注意目的,有的放矢。交际目的的不同,说话的详略、重点的选定都应有所不同,否则,就会降低语言表达的效果。

科学巨人法拉第在进入英国皇家学院工作之前, 曾和介绍人戴维爵士进行过一次这样的谈话:

戴维:"很抱歉,我们的谈话随时有可能被打断。不过,你很幸运,此时此刻仪器还没有爆炸。法拉第先生,信和笔记本我都看了,你在信中好像没有说明在哪里上的大学。"

法拉第:"我没有上过大学,先生。"

戴维:"懊? 但你做的笔记说明你显然是理解这一切的,那又怎样解释呢?"

法拉第:"我尽可能去学习一切知识,还在自己房间里建立了小实验室。"

戴维:"年轻人,我很感动。不过,可能因为没到实验室中干过,所以才愿意到这儿来。科学太艰苦,要付出极大的劳动,而只有微薄的报酬。"

法拉第:"但是,只要能做这件工作,本身就是一种报酬。"

戴维:"哈哈哈,你在看我眼边的伤疤,这是在氢实验中引起的一次爆炸留下的。我想,你装订的那些书籍总不曾将你炸痛,让你出血或把你打昏吧。"

法拉第:"是的,不曾有过,但每当我翻开装订的科学书籍,它的目录常常使我目瞪口呆,神魂颠倒,"

这段对话重点突出,详略得当,饶有趣味。戴维爵士所强调的是从事科学研究不是一件轻松的事,需要付出艰苦的劳动,甚至要付出伤残或牺牲的代价,而法拉第所表示的是对知识的强烈渴望,对科学的执著追求。谈话的结果,戴维爵士破格让法拉第当了自己的助手。从此,法拉第便在科学事业中大显身手了。

5. 一言定邦的经典口才

能言善辩的口才能使对方放下屠刀, 拯救国家, 恐怕有些人还不相

37

信,然而语言的力量就有这么强大。

战国时,赵国自恃兵力强于燕国,遂起伐燕之念。苏秦当时在燕辅佐昭王,为减少内部的摩擦和实力消耗,共同抵御强秦的武力威胁,前去游说赵惠王,希望通过和平外交途径解决两国争端问题。

苏秦一到赵国,赵惠王知其意图就故意避开赵、燕争端问题,只是礼节性地说:

"苏卿远道而来敝国,寡人有失远迎,失礼! 失礼!"

苏秦也知道惠王的用意,便只字不提两国争端之事,更不说自己的来意,而是十分客气地同赵惠王寒暄一番,然后又漫不经心地与赵惠王聊起天来:

"臣今天来的时候途经易水河,见蚌打开盖正在晒太阳,此时一只鹬上前直啄其肉。蚌急忙合壳而紧紧钳住鹬的嘴。鹬说:'今天不下雨,明日不下雨,你蚌即死矣!'蚌也对鹬说:'你的嘴今天提不出来,明天抽不出来,你要变成死鹬了,两者互不相舍,最后渔翁连鹬带蚌,一同得之。"

赵惠壬听了这个故事,觉得挺有趣,便随口说道:"莫非苏秦你懂得野兽的语言?"

苏伐笑了笑,沉吟了一会儿后,又说道:

"现在赵想讨伐燕国,赵、燕两国倘若久以刀枪相见,血流飘杵,恐怕秦国会收渔翁之利啊,请大王慎重考虑。"

赵惠王听到这里,方知苏秦聊天的真意。不过,沉吟片刻后,惠王脱口而出道:"好!"

之后,赵、燕就没有刀枪相见了。而是两国代表坐到一起,友好地进行了外交谈判。自然,强秦这次也没有当成"渔翁"。

两国相争,气氛自然充满了火药味。因此,作为被征战国的代表苏秦这时来游说征战国的赵惠王,可以想象是何等艰难之事!因为对于在战争中占优势地位的赵国来说,在准备就绪后,是难以放弃对处于劣势的燕国的进攻计划的。

因此,在苏秦到达赵国时,赵王就明确摆出拒绝的态度,只是一味作礼节上的寒暄与客套,根本无诚意听苏秦的游说。苏秦此时若是单刀直入,说明来意,直陈说词,很可能要吃闭门羹。所以,苏秦根据当时实际情况,采用委婉曲折的方法,不讲来意,而是装与赵王闲聊,给赵王说了个很

有趣的"鹬蚌相争"的寓言故事,麻痹赵王,等到赵王在随和的气氛中,在津津有味的闲聊中解除了敌对游说心理与情绪后,才话锋一转,一语点破故事的真意,使赵王如梦方醒。

很显然,苏秦的游说,使赵国放弃了对燕国的用兵计划,拯救了一个国家,像这样的例子还有很多。如下例:

公输般为楚国设计云梯,完成之后,即将攻打宋国。

墨子听说之后,连忙由齐国动身,赶了十天十夜才到达楚国的首都鄂城,去见公输般。

公输般说:"先生有什么事呢?"

墨子说:"北方有人侮辱我,所以想借先生之力杀他。"

公输般听了很不高兴。

墨子说:"我愿意奉献千两黄金作为报酬。"

公输般说:"我做事一向依循道义,不杀人。"

墨子一听,站了起来,一拜再拜,说道:"请听我说。我在北方时,听说你在创作云梯,将用来攻打宋国。请问宋国有什么罪过呢? 楚国可以说是土地过多,人口过少,现在想去攻打宋国。等于是去杀他所欠缺的人口,而去掠夺自己已过多的土地,实在是不智;而且宋国并无罪过,

攻打他是不仁;你知道这些道理,却不向楚王争取,是不忠;争取之后无效,是不强;既然一向铱循道义在做事,请你杀个人都不肯,却要帮助楚王杀那么多人,是不是类似事理? "

公输般只有折服了。

墨子一番话说服了公输般,不再帮助楚国造云梯,拯救了宋国。真是一言胜千军啊!

6、巧妙提问,获取需求信息

交谈中可以收集信息,掌握信息,捕捉对方情绪,了解其心意;更好地理解对方,全面地引起对方的本意,以便说服人,评价人。但是,提问也要注意方法与技巧。

首先,只有发现了何处有疑点,发现了垃该在何处提问,才能提出问题。所谓能够提出问题,意味着己从完全不懂的状态申走出来,对事物开始有了初步的理解。 其次。提问要简明扼要,一针见血击申要害。把要问

其次。提问要简明扼要,一针见血击申要害。把要问的内容简洁地表

达出来,对别人提问题,若说话不得要领,不仅失去提问的机会,而且给别人的印象也不好。

另外,主旨要明确。想提问的主题,即表达的核心。对比不明确,提问内容的整体就模糊不清。养成了使主题明确化,对提高提问的水平有很大作用。

同时,要通过提问创造一种和睦的气氛。提问时,心理上要有一种准备,要能揣摸到对方表达的思路。这样问答才能顺利进行。

下面我们看一则实例。

毛阿敏在哈尔滨演出时,《当代大舞台》的节目主持人以提问的方式这样向观众介绍了她:

主持人:请问毛阿敏小姐,您是从哪里来的?

毛阿敏:哦,我从北京来。

主持人:您像一只美丽的蝴蝶给冰城哈尔滨带来了欢乐,请问这次能做几日停留呢?

毛阿敏:嗬嗬,五日。

主持人:我们冰城的朋友热烈欢迎您的到来,但愿您与《当代大舞台》永不分手!

主持人巧借毛阿敏的成名歌曲《思念》来向她发问,亲切而诙谐,同时也激起了演唱者与观众的热情,创造了良好的舞台气氛。

在一些情况下,我们的提问不是要对方解释,而往往是要对方听自己的表达,顺着自己的思路附和自己的观点。孟子批评齐宣正是一个典型的事例。孟子想批评齐宣王不会治国,但他不直接批评,而是采取步步设问的方法,让他顺着自己的思路作出肯定的答复,最后服从自己的思想。

孟子问:"假若你有一个臣子,他把妻室儿女托付给他的朋友照顾,自己到楚国去了。等他回来时,他的妻子儿女都在挨冻。对这样的朋友,该怎么办?"齐宣王回答:"和他绝交。"孟子又问:"假若掌管刑罚的长官不能管理他的部下,那该怎么办?"齐宣王回答:"撤掉他!"孟子接着发问:"假若一个国家的政治搞得很不好,那又该怎么办呢?"齐宣王这时只好"王顾左右而言他了"。这里孟子的发问意在引导齐宣王的思路,他有非常清晰的逻辑线索和完美无缺的表达技巧。

提问的方式有很多,一般包括:

正问:开门见山,直接提出你想了解的问题。

反问:从相反的方面提出问题,使对方不得不回答。

侧问:从侧面人手,通过旁敲侧击,迂回到正题上来。

设问:假设一个结论,启发对方思索,诱使对方回答。

追问:循着对方的谈话,打破沙锅问到底。

不是任何人一开始就愿意如实回答你所提的问题的,他们往往借"无可奉告"、"我也不大清楚"等词来推托你的问题。所以,与人即兴交谈时,有达观热情的态度,又要运用亲切自然的语气和语调,更要把握提问方法,这样,你才能左右谈话的进行。

7. 利用笑话把谈话推向高潮

笑话是说话时最好的调节剂。说话时运用笑话会令听众开心解颐,得到启示,在轻松愉快的气氛中把表达推向高潮。

我曾参加一次推广普通话工作动员会,在会上应邀演讲,我是用一则笑话开头的:

有一位武汉人到北京采购物品,这位采购员普通话说得不利索。来到商店他看到柜台里有一种小水壶。武汉人发"小水壶"声音有点像北京音的"小媳妇儿",而"小媳妇儿"在北京语申如果用来对未婚女性则显得不文明,售货员正好是一位年轻的姑娘。那采购员问道:"同志啊,你这个小水壶多少钱一个啊?"售货员听成"你这个小媳妇儿多少钱一个?"很不高兴,又不好发作,瞪了采购员一眼。采购员纳闷,以为对方没听清,又大声问了一声。售货员愤怒至极,大声回敬:"流氓!"采购员听成"六毛!"高兴得不得了。这时其他柜台的售货员以为这边发生了什么事,都围了过来。看到这样物美价廉的小水壶,采购员手舞足蹈,大声呼喊:"太好了,太好了,你们这些小水壶我要啦!"闹得姑娘们群起而攻之。同学们,这就是方言形成的笑话,这就是方言造成的逝枪,这就是方言产生的结果。方言阻碍了交流,方言产生了误会,方言影响了交际,大家说要不要消除方言,学好普通话。

下面掌声雷动,爆发出巨大的向心力,为我演讲观点的建立奠定了坚实的基础。

说话时,运用笑话、故事是一个很好的方法。表达时要轻松地去体现,要配以微笑、点头,表现出真实感;要用清楚而贴切的语言,不要装腔作势;

要正视听众,求得共鸣;讲之前不要忙作言过其实的应允或卑人的谦逊,过高或过低的估计就会使听众反感。

8. 语智训练,让你心口合一

生活中,许多人对许多事只知其然而不能把这一切表述出来,也就是在语言表达时遇到了障碍。通过语智训练,可以让你心口合一,你不妨努力一试。

下面介绍几种方式:

(1)词语速接。

词语速接方式有很多,最常傀的是成语速接。首字接,由一人先说一句成语,这个成语的第一个字必须是下一一个人说出的成语的首起字。如,当第一个人说出"一马当先"时,接下来便是"一步登天"、"一以当十"、"一败涂地"、"一本正经"、"一唱一和"、"一刀两断"、"一分为二"等。尾字接,后面的接话者必须从前一人话语的末尾字连下去,可以用同音字接。知"胸怀天下"、"下不为例"、"力不从心"、"心想事成"、"成竹在胸"等。

(2)句子连接。

两三个人即可进行,主持人先说一句话,然后每人接上与之意思想承的话,要求简洁生动,表义准确。

比如,主诗人说:"今天天气很好。"接下去是"是春游的好时光,""我们将打点行装,八点出发","我们坐上汽车,一路欢歌一路笑,""我们来到了向往已久的中山公园"……

(3)属对训练。

属对,即对对联,这是我国传统语文教育中的基础训练方法。口头形式的交际联,由甲出句,乙对句,合作完成。甲、乙可以是个人,也可以是集体。

一字对:如"虎"对"龙"、"山"对"海";

二字对:如"如烟"对"似火";

易字对:由甲出示一副现成的对联,有意改去上联中一字或数字,要求乙改动下联中相对应的一字或数字。

增字对:由甲出上联,由一字增为二字、三字、四字、多字,乙对时也一一增字对下联。如:

甲:黄鹤楼

乙:黑龙江

甲:朝游黄鹤楼

乙:夜渡黑龙江

甲:三朋四友朝游黄鹤楼

乙:千军万马夜渡黑龙江

要求对时,做到字数相等、词性相同、结构相应、句式相似、内容相关、平仄相对。

属对是对语音、词汇、语法、修辞私逻辑的综合训练,是种要求针对性、适应性、敏捷性较严格的言语的听辩、理解、构思和表达的训练,使练习者能"急中生智"、"智中生智",将很好地培养富有适应性的敏捷语言反应能力。

9.积极地进行角色表演

角色表演具体说来,就是制作出实际问题的模拟场面,演员在其中扮演着各种角色的交流练习法,如。模拟售货员的说话方法训练、接待应酬、打电话接电话方法的练习等。通过角色表演可以体会到接近于现实场面的心理上的经验,敢得类似实际问题场面的经验。

有人认为,下列的人们应该积极地进行角色表演;

(1)一说话立即羞怯、脸红的人;

(2)说话的方法被指责为打官腔的人;

(3)不能用说话吸引听者注意的人;

(4)不习惯于做某种工作的人;

(5)不能适应根据对手选择使用言辞的人;

(6)不能判断自己的说话方法好坏的人;

(7)不能随机应变说话的人;

(8)和比自己年龄大、地位高的人说话时,异常紧张的人;

(9)与人相遇,不知说什么,怎么说才好,怎样才能使谈话有进展的人;

(10)不具体了解站在对方的立场上设身处地说话的人。

而进行角色表演时还要注意下列条件:

(1)在设定场面和条件时,不要模仿非现实的、不可能有的场面和条件;

(2)在模拟场面中,演员和成员不得戏弄人或挖苦人,不能遵守这个条件,就等于把角色变成了滑稽剧;

(3)应该选择熟悉业务、具有丰富的各式各样场面经验的人,担任主

43

持人、指导和表演者。

（4）要注意各种会话的动态,可从中听到的道白作品加以体会。会话就像文字所表明的那样,是话语相会合的意思。双方投缘,就会成为流畅的谈话。但是如果对方合不来,这方面也就合不来。而从优秀的文学作品和小说的场面中可以增强感受性,其方法是:

（5）尽量选择现代的会话多的小说和文学作品;

（6）朗读到一个会话的地方,根据那个会话对于登场人物的一方是怎样回答的,把它写在纸上藏好,朗读前面的情景描写与解说,用脑子把它作为会话看看;

（7）定下来之后,把纸打开,一念实际的会话,就可知道与自己有何不同。

拥有人人称赞的个性口才

1. 艺术地赞美和批评他人

在社交场合尤其是和自己不太熟悉的人进行交往时,适度赞美是赢得信任的一个手段,承认别人的优点,采取适度的赞美。赞美而不过头,这才是最高明的赞美方法。

（1）赞美的面要小,量要少。

赞美所有的人,就等于没有称赞任何人,这样反而易被人家认为你滑头。有人说过:"赞美,像黄金钻石,只因稀少而有价值。"过多、过滥的赞美会使你的赞美大大贬值。

（2）赞美要具体。

举出具体的事物来赞美别人,较易为人所接受,例如:"最近你的字大有进步","你的帽子挺美"等。

（3）赞美要实在。

赞美并非信口说些好听的话,不恰当的赞美往往适得其反,比如见到一个长得并不十分好看的女孩子:"你长得真是漂亮极了。"类似这种过分夸张、加油添醋、阿谀的赞美,会徒然使别人觉得你虚伪得可恨,甚至给别人感觉你是在讥讽她,反而产生不良效果。

（4）赞美新发现的优点。

赞美也要不落巢臼，力戒陈词滥调，如果人云亦云，赞美同一事物，对方一定不会感兴趣。发掘对方的新优点，并且诚恳实在地发出赞誉，才会使人觉得衷心受用。

（5）赞美要合乎时宜。

赞美别人必须适时而为，见机行事、借花献佛，这是最重要的一点。当然，有时候，恰如其分的批评，也能收到一定的效果。

怎样批评别人，这里面有着很强的艺术性，批评得法，会让人感到你是在关怀他，而不是在说别人坏话。反之，别人则会认为你是在有意和他过不去。怎样批评？有人总结为：

（1）一贯性。

批评最忌忽冷忽热。要有敢于批评的习惯，让大家说："他就是这样"。

（2）平等性。

批评最忌三亲两疏。不管是谁都敢批评，让大家说：他对谁都一样。

（3）坚定性。

批评最忌犹犹豫豫、吞吞吐吐，看准了就要帮到底，不解决问题不撒手。

（4）感情性。

批评最忌"后娘心肠"。不管是对错误轻的，还是对错误重的，都要动之以真情、实情。

（5）鼓励性。

批评最忌把人看死。批评的目的是让人改过，所以对谁都要给予鼓励，寄予希望。

（6）说理性。

批评最忌就事论事。批评的目的是让人晓之以理，实际上批评的过程就是说理的过程。

（7）准确性。

批评最忌捕风捉影。对错误有一说一，有二说二，不夸大，不缩小，不无根据地乱说。

（8）灵活性。

批评最忌千篇一律。批评人要看场合，根据被批评者的错误程度、性格等情况的不同，选择不同的方式方法。

（9）适时性

批评最忌时过境迁。批评要及时，不能等到"秋后算总账"。

（10）渐进性。

批评最忌急躁情绪，批评人要循序渐进，不能搞"立竿见影"。

如果被别人批评，应做到：

（1）实事求是地看待自己，有错认错，如果你保持着这种态度，任何批评都不会令你过于烦恼。

（2）把自己放在对你提出批评人的位置上。如果你干的是那个人的工作，你会不会同样地要对某些事提出批评。

（3）如果对你的批评确实是毫无道理的，你可以同批评者一起交换意见，把问题摆到桌面上，否则，压抑的怨恨也许会在不该发作的地方爆发。

（4）不要过多地为自己辩解，除非的确十分必要。

（5）不要在受到批评之后一个劲地发牢骚，因为没有谁喜欢守着一个畴捞叨叨的人。

（6）在受到批评的时候，一旦发现自己的声调升高就应该马上停止说话，尽最大努力给自己充分的思考时间，一句话出口之前先好好想想合不合适。

（7）问问对方自己应该如何改进，以消除批评者的火气，给你一些有益的劝告。

（8）集中注意力于对你公正的批评，以便在将来把工作做得更好。

这样，赞美与批评有机地统一，可以造成和谐明朗的人际关系，赢得信任。良好的人际关系的形成，并非我们想象中的那么容易。在我们生活当中，同事相处，难免会因种种原因而产生这样或那样的矛盾。当矛盾出现时，每个人郡应先冷静地做出分析，然后根据矛盾性质的不同而采取不同的解决办法。如果矛盾产生的部分原因在己方，就应当主动检查自己，做诚恳的自我批评。唐代韩愈在《原毁》中说："古之君子，其责己也重以周，其待人也轻、以约。"我们今天仍然有必要发扬责己严的美德。

2. 神侃海聊的入门捷径

怎么在聊天中展示你的个性口才呢？

首先，要善于寻找话题。聊天，一般来说，总是即兴而发，并无事先拟定的话题。它涉及的范围大部分广泛，可谓无所不包。但是，如果大家围坐

一起,没有合适的话题,大家都会兴趣索然。此时,善于寻找话题的人加入,便可打破僵局,使气氛活跃起来。可以寻找有共同点的话题,如同事可以聊聊单位情况,老同学可以回忆同窗共读的轶事,年龄相近者可谈身体状况,家庭情况等。可以就地取材,谈现实身边的话题,如天气、时令、环境、打扮等等。但聊天也不是什么都可以谈的,以下几方面的内容应少讲或不讲。有关同学、同事、朋友、邻里的是非,有关国家或单位的机密,有关低级庸俗的话题等。

其次,要寓庄于谐,雅俗共赏。聊天时不要一本正经,拉腔拉调,要轻松、诙谐、幽默。善于通过音色的美化、语调的变化,幽默技巧的运用使聊天充满笑声,充满生气。在大学校园中,时兴一种独特的聊天形式——卧谈会,即晚自习后躺卧在床上的聊天,这种方式随和、灵活、生动、真实,为大学生们所钟爱。下面我们节选一则实例:

甲:唉,考试考试,真没味,考死人哪!我发现我的白头发近几天见长。

乙:是啊,我也烦。

甲:难怪今天不灵动不畏风险,考场作弊。遗憾的是被抓了。

乙:读书诚可贵背书价更高。若非考试故,二者皆可抛。

此外,要照顾在场诸人的情绪。聊天常常是几个人觉得在一起谈话是种乐趣,才聚在一起;如果感觉到不开心,就会离开。这就要求聊天要照顾在场诸人的情绪。要做到这一点,需要聊天者注意在场人的心理、生理、性格、爱好等情况,不要信口开河,不要拿人取乐开心。要文明礼貌,善解人意。

3. 利用身体语言塑造你的说话个性

"身体语言"在交际中有着不可忽视的作用。你应该细心地观察他人,然后慢慢地在交谈中培养自己利用"身体语言"的能力。

说话时自然地做出的手势可以使说话绘声绘色。凡是想使人理解的时候,部将发生摆姿势和打手势的情形。不过打手势一定要让听者看到。

为了使用语言以外的表情、手势、姿势来表现自己,在日常生活中就要养成敏锐的观察力和敏锐的感受性。

有人认为,男性细瘦型的人,采取尽量将两腕伸展开来的姿势为好,"怎么样?"把两手张开伸出,就显得强壮些。如果是大腹便便的体格,采取竖着把两手向前突出的形态,别人看到就不满洒了。

人的表情丰富,使用手势表现微妙的感情,使用手或者全身,时强烈

时微弱……等等表现,远比只靠语言干巴巴地讲话能够吸引听者。要好好想一想自己的体格、身长,要考虑适合自己的说话方式。

在开始说话之前,不能忽略听者将从说者的状态来判断说话水平。只注意说话的内容而不注意姿态的人,他是说不好话的。

台上的说话者要在地板上站稳,双臂要沿着身体两侧下垂,然后双手轻搭在体前,双眼要像直视前方的样子,脊背挺直。这是讲话时的基本姿势。坐着讲话时,除采取前述姿势外,还要把脚轻轻落下。这样才能使对方感到这个人各方面都是"很稳重的"。

在人前讲话时,即使是提心吊胆,心扑通扑通地跳,但外表也要看着像是挺镇静。一定要采取这样的基本姿势。这样,就能具有说话流畅的气概。这是经验之谈,不会有错。

有人认为,动作好像是跟着感觉的,但实际上动作和感觉是同时发生的,所以人们直接用意志去纠正动作。如果这种办法还不奏效,那便不会再有别的方法了。所以,当一个人感到勇敢时,他会真的变得很勇敢。

一个人面对听众,要提高勇气,要挺直胸膛,目光要直接望着你的听众,很自然地开始讲话,好像听众都欠了你的情,现在聚集着请你再多放一些债,这种心理上的锻炼,是很有益的。

另外对讲话者来说,看着听者的头,可以了解对自己讲话的反应;头整齐地朝着自己时,表明人们在听自己说话;脑袋不住地前后左右摆动或者一阵嘈杂声,这是对自己话听厌烦了的反应。

习惯于看听众的头之后,还要寻找点头的人。听众之中必有善意的听者,对你每说一句话会点头称"真对",这种人是你的话的拥护者,所以要把视线投向这种人,产生"在听着自己的呐喊"的勇气,话语会进一步流畅。

人的眼睛能够表现他的心理活动。清楚的视线能察觉到自己的话在多大程度上被听取、被理解。如果,能注意到听众心情的变化,配以必要的姿势,所说的话也就有了生气。

正如有人所说的:"要让眼睛和嘴都讲话。"在很多情况下,用嘴说话不如用眼睛"说话"。

如果你是发表演说,还要注意光线的效果,一般地说,必须使室内的光线充足,而且,还须使光线照在你的脸上,因为大家都想看清你的表情。你脸上因讲话而随时表现出来的微妙表情,有时候会比你的说话更有意

义。但是你不要站在光线最下方，圈为这样将使你的脸上现出模糊的阴影，也不要让光线从后面过来，免得把光线完全遮住。

在讲台上，不要有不自然的动作，如用手不停地摆弄衣服角。因为这样做不但十分分散人的注意力，并且还表明你有缺乏自制的弱点。在讲台上，无论什么动作，如果不能增加听众的注意，便会分散人家的注意，决没有不起任何作用的道理。所以，你必须站定脚跟，并表明你完全能够控制自己的举动，也就是表明你能够在精神上自持。

当你站起来准备对听众讲话的时候，不要忙于立刻开始，因为，这会使别人以为你是个外行。你应该深深地吸上一口气，然后举目向台下的听众看一会儿。如果在听众中有着杂乱不静的情形，你得多等一会儿让大家安静下来。

把你的胸部挺起来，这是在平时你就应该天天练习做的，那么一旦站到听众的前面，便会不自觉地这样做了。

没有手势帮助的演说会使听众感到呆板。必要的手势会增强演说的效果，会引起听众对你所说的词句的重视，帮助他们找到你说话的重点，运用手势，还可使演说者自己更加振奋。这里值得注意的是，手势的运用要附和你的演说内容，附和你的个性，附和演说场地气氛等环境的要求。特别要提醒的是，手势不是演说，也不能代替演说，不能喧宾夺主，让手势把听众的注意力都吸引去。

总之，不要把任何一种姿态一再重复而令人感到乏味，不要把手势只从肘部做起，显得局促而不自然，最好使手势从肩部开始，这样要显得大方好看得多，注意不要把任何姿态结束得太快。比方当你伸直食指，帮助你发挥某一段的思想时，最好保持住这种姿势，一直到你说完这句话，否则这一点看似极小的错误，往往会造成极严重的不好效果。因为它可以使你原来的要点被人误会，把小的地方看作你的要点。一切按最自然的姿势来做就可以了。

口才的锻炼是一个过程，最重要的一点是练习。第一要练习，第二要练习，第三还要练习，否则便不会成功。

人们常说要学习游泳就要跳进水里去，否则，你就永远是在渴望期待之中，如果你渴望提高口才，那么现在你就要去做一些实际的锻炼。

需要记住的是：

一定要树立起坚强的信念,提高勇气,放开胆子,而练习是最重要的。这样,你完全可以成功。

4. 有时你要学会沉默下来

与人说话需要高谈阔论,畅所欲言,但多说多行并非一概有助交际,有时甚至对交际有害。此时你应保持沉默,伺机而动,恰能收到理想的交际效果。因此学会谈话时的沉默术,是我们学习交际不可缺少的内容。

在交际的哪些情况下应采取沉默方式呢? 主要有以下几类:

(1) 在专横的人面前

专横的人最渴望别人尊重他的态度、认识、意见,以自己说了算为个性特性,听不进别人的见解,哪怕是高见,容不得别人出头露面。对这样的人,你说得再透彻、精粹、精彩,他也不买你的账,甚至招致他的满心厌烦,心怀嫉恨。在这样的人面前,最好是保持沉默,任他声嘶力竭,口沫飞扬,你低头不语。你这种以柔克刚的方法,会让他泄气下来,冷静起来,对方的无理骄横之词不仅无法兜售,你还可乘机略陈己见、常有反客为主之效。

有些地位、身份较特殊的人,在他们的言谈申表现的与其地位、身份相应的某些专横味道,对他们保持积极的沉默也是必要的。如上级意见、长辈训话等。恋人之间,女青年常有耍泼弄娇之举,对她的"强词夺理"一类保持沉默,也是现实的态度。

(2) 在别人激愤时

有些人发表意见,阐述见解时情绪激昂,言辞激烈。这有两种情形:一是他的谈话确系真知灼见,颇似煌煌大论。二是他的谈话其实偏激谬误颇多,并无过人之处。但不管哪种情形,在他激愤时肯定有一言抵三军的良好感觉。此时你要发表意见,他肯定会充耳不闻,或者言语相加,竭力辩驳。你是陋见、误识自不待言,你是明见良识,他也决难理会,此时你自当沉默,待他熄火平静下来,尽可与他心平气和推心置腹地交换意见,商讨定夺。

(3) 在有理说不清时

有时我们有这样的苦恼,有理但说不清。有理当然急于表白、陈明,以让真相公诸于众,以维护正义,主持公道,让自己得到认可,避免自己被人误解,也让自己免受压抑,保持自己心情舒畅。但你面对的恰是些不明事理的 人,或有意不买你账的人,这时你说得再多再透,要么是对牛弹琴,

要么让对方愈加得意,如果你干脆沉默不语,反有震动之效,不明事理的人会有所省悟,不买你账的人。不再敢轻视你。有两位大学同学,毕业时相约要在未来工作中搞出名堂,争个高低。几年后两人均取得令人振奋的成绩,但早遭嫉妒受压抑,乙则受到肯定,说自己尽管据理力争,却毫无效果,反让不明实情的人觉得自己狂妄,让明实情的人更加嫉恨。乙听后当即点拨;不平处处有,正常不过,多说无用,不如沉默。别人不会把你当傻瓜看待。这样不仅显示了你的修养,还会让对方产生负疚感,如此,也会逐渐把你应得到的送给你。乙的话可算道中了实质,也是他的经验之谈,您或许会从申有所启迪。

（4）在陷入意见孤立时

当一个人在经过深思熟虑后,形成了自己的意见,总希望把它传达出去,让别人了解它、接受它。但一个群体中各人意见不同,可谓异彩纷呈,你的意见未必能为大多数接受。若是大多数人欢迎的,那么你可以尽情发挥,完全有这个条件和环境。若你的意见与大多数人的意见相抵触,正确也好,错误也好,深刻也好,肤浅也好,你都会遭到大家的反对和排斥,你再坚持说下去已毫无意义。此时你不如沉默不说。你的意见充满谬误,颇为肤浅,本无需多说。你的意见是真知灼见,说了也没用,待时过境迁,真理自然明朗,你的意见迟早会被人认识和接受。交际中的沉默也 " 一种艺术,艺术是要求分寸和火候的,不可滥甩无度。诚如黑格尔所言:一切人世间的事物,皆有一定的尺度,超越这尺度,就会招致沉沦和毁灭。" 所以如何把握好交际中的沉默也是大有讲究的。首先,要切合交际需要。沉默表面上是消极的交际行为,其实是以退为进的积极的交际行为。沉默不是逃避、忍让,而是一种策略,目的在于更有效地促进交际。其次要把握好沉默的时机。什么时候该沉默,什么时候不该沉默,这是很有讲究的。沉默适时恰当,就会产生交际效果,否则无法产生应有效果。比如在意见孤立时,你可先陈说后沉默。在别人激愤时最好一句别沾,免得对方就此发挥没完没了。第三要注意把握沉默的时间。积极的沉默不是永久性的,只是暂时性的。根据交际的需要,它会见好就收,该长则长,该短则短。第四要与发言、举措等积极的交际行为结合起来。沉默从某种意义上说,应是一种准备和酝酿,是等待时机之举。应把它理解为一种手段,真正目的还是为了把你的所想发表出来实施出来。如果你的认识和意见有某些疏失和不足,也可

得到一个检测、反省的机会,从而补充、完善、修正起来。

5. 要注意表情和神态

与人交往时,你的表情和谈话时的神态对整个交往过程有着重要的作用。据有关资料分析,各种感官刺激的程度分别是,视觉占87%,听觉占7%,嗅觉占3.4%,触觉占1.5%,味觉占1%。不要忘记,在交际中,别人是在用锐利的眼睛来看你、观察你、分析你,它能透视你的心。

有人认为下列几点是交际中大部分人公认的恶劣态度,最好能够避免。

(1) 就表情而言,应注意的态度,主要有:

①自鸣得意、傲慢、不屑——这会伤害对方的自尊心。

②不稳定——说一些没有自信心的话,而使听的人无法信任你。

③卑屈的——被视为傻瓜、无能,会让人低估你的交际能力。以至被人从骨子里看不起。过度热衷于取悦乖巍人,很难给人好印象。

④冷淡、诱偏——使人感觉不亲切,缺乏投入感,态度过于严肃。

⑤不识时务——如在酒席上谈论严肃的话题,如诉说悲哀的事情时,脸上无任何表情,或只知谈论个人兴趣,从不理会别人的感觉和反应。

⑤随便——给人一种马马虎虎、消极的感觉;反应激,语气浮夸粗俗,满口俗语粗话。

以上所举的态度,应该随时注意,应避免这些不良态度在与人交往中表现出来。

(2) 就动作而言,应注意的姿势或动作,主要有:

①坐要有坐相,不要随便左右晃动,如果是女性的话两腿要并拢。

②站立时膝盖要伸直,腰板要直。不要抖腿,不要撅臀部。

③不要抓头搔耳,两手应自然放在两侧,或是轻放在前面。

④不要玩弄或吮吸手指,尽量不要饶脚。

⑤表情温和,有亲切的眼神和饱满的精神。

有的人说话喜欢将手插在口袋里,有时还坐在桌子上。这种流于散漫,过于随便的讲话方式应当改正。

在交谈时,将手插在口袋里,不仅很难令对方接受,而且容易让人产生不良的印象,尤其是在多数听众面前,这种姿态会使周围的人觉得这位发言者只沉迷于自己的世界之中,而将他人看作较自己低下,且表现欲望非常强,使人感觉到别的人不可超越他。

　　还有的人面对着许多人说话时,在有意无意间,常常会指手画脚,通过这种动作可以了解他们的心理。比如,将两手轻握摆在身后,上半身挺直的姿势是一种表示权威的身体动作。军官大部分是这种姿势。将两手分开,表示诚意地接受对方;也有人用手托着下巴,身体倾向对方,另外一只手叉腰,这是一种"随你怎么办"的表示。个性直率或是表示比较亲近的时候,有的人会一面谈话一面解开上衣的第一个扣子。用食指压住口,发出"嘘"的一声,乃是表示"请安静"或是"闭上嘴巴"的意思。将手指向某一个方向,并暂且停止,是表示这个人所意图的。主持人通常在介绍来宾出场时,或者是说明出入口在那儿时,郡以手做辅助指引。希望全场安静时,将两手伸直放在胸前,由上往下做按压状,想要强调时,动作要大一点、快一点。

　　人的动作与神态密切相关。自己用力抓住左右两个手腕,或是两臂交叉在胸前,或是握着拳头,都是一种防御别人侵犯的姿势。像罗丹雕塑的"沉思者"一般,眼睛好像凝视着某一点,正在熟思一件事情,也是正在做一种评价的表示。如果这个动作把上身再向前倾,这就是一种批判的动作。还有斜着脖子,捂着下巴的评价动作。有的人上身后仰,双手撑开,抱住头部,他心里自以为比你强得多。另有一种是等待的姿势,比如排队站着轮到自己时,双手叉腰,一脚移前半步的姿势,如果拉起裤管,这是典型的准备行动的架势。坐在椅子时,在大腿的中央放置一只手,另一只手抓住膝盖,而重心向前,是准备表现的姿势,或者是坐在椅子的前端,这是积极的表示。站立发言时,将两手张开,并且用力压住桌子,而头部略伸出去,就是一种"我有话要说"的意思,或者可以视之为一种强烈的意志表示,姐"谅你也不敢反对","你要听我说"的姿势,摇头或者闻手在前面左右挥动,这是一种"不同意"、"拒绝"和"反对"的表示。

　　应当牢记:从别人身体各部分动作的表现,可以洞察其内在的心理情感。了解了别人的内在心理,在交往中就能够掌握交往的主动权。

与人交往的分类说话术

1. 与各种类型人的说话方法

与人交谈时,有必要先了解一下对方的类型,这样交谈起来便比较容易。

(1)死板僵化。你要花费些功夫,仔细观察,注意他的一举一动,从他的言行申,寻找出他所真正关心的事来。你可以和他随便闲聊,只要能够使他回答或产生一些反应,那么事情也就好办了。接下去,你要好好利浦此话题,让他充分表达自己的意见。

(2)傲慢无礼。对待这一类型的人,说话需簿洁有力。而且尽量小心,以免掉进他的圈套里。

(3)沉默寡言。对于这种人,最好采取直截了当的方式,让他明白表示:"是"或"不是","行"或"不行"。

(4)深藏不露。遇到这种人时,你只有拥预先准备好的资料拿给他看,让他根据你提供的资料,作出最后决断。

(5)草率决断。遇到这种人,最好抱谈话分成若干段,说完一段(一部分)之后,马上征求他的同意。没问题了,再继续进行下去,奶此才不致发生错误,也可免除不必要的麻烦。

(6)顽固不通。对付这种人,你不妨及时抱定"早散"、"早脱身"的想法,随便敷衍几句,不必耗时费力自讨没趣。

(7)行动迟缓。对于这种人,你最好耐住性子,拿出耐心,尽可能配合他的情况去做。

(8)自私自利。当我们不得不与之接触、交涉时,只有暂时按捺住自己的厌恶之情,姑且顺水推舟,投其所好。当他发现自己所强调的利益被肯定了,自然就会表示满意,如此,交涉就会很快获取成功了。

2. 第一句话说些什么

同人交谈,第一句话是很重要的。如果说出的话适合对方的口味儿,那么交谈自然很快就会深入下去。如果说出的话正好是对方所忌讳的或厌恶的,那么谈话不可避免地就要碰钉子。从交谈者自身来说,首先的要求是同人交谈时,吐字清楚,言论能让对方听得懂,态度诚恳,给人以充分

的信任,同时要求交谈者掌握交谈的一些技巧,在不同的场合、环境中运用不同的方法,以免引出许多旭怩的局面,错过许多机会。

(1)根据陌生人的特点主动搭话。

①观察他的仪表、装扮、服饰。一个农民和一个典型知识分子的衣装,是很好分别出来的。同农民谈话,可以从目前农民的生活状况、农民的辛苦、化肥、农药等问题展开。同知识分子谈话,提及工资、奖金待遇问题,肯定会引起对方滔滔不绝的感慨。从事买卖、推销活动的人,一般显得风尘仆仆,有的衣表虽华丽,整个人看上去却庸、媚俗。从事音乐、舞蹈、绘画、写作的艺术类人,一般气质比较高雅一点,眉宇之间隐隐有一股灵气。判断他人的气质如何,一般都是靠自己的直觉,这直觉,又是平时生活经验积累的结果。一般地说,接受高等文化教育的人和没有文化的人并排站在一起,你完全可以一下子把他们区别开来。如果一个人显得气度不凡、颇有教养,那么你的搭话决不要显得过分粗俗,以免引起对方的厌恶。

②观察年龄。根据不同的年龄特点,交谈一些对方能感兴趣的话题。比如,对青年人,可以询问他有没有异性朋友?他目前的工作是什么?可以就现在的衣装、发型,刚出版的畅销书籍、社会上青年人的就业、毕业分配等等各种话题,提起话头。对于成年人,可以就孩子的抚养问题,父母的赡养问题、亲戚朋友同事之间的人际关系问题、工资待遇奖金问题、物品价格问题展开交谈。对于老年人,可以就老年保健、营养食品等问题展开交谈。

③观察职业。这要根据个人的社会经验、阅历。不同职业的人,穿着打扮、气质又各不相同,这都要同前面儿点联系起来,一起综合判断。三百六十行,每行都有每行的特点,每行都有每行要说的话。如果你判断他是哪一个行业的,可以从这方面人手;如果判断不准,可以直接询问。对方会对你进行解释,谈论自己所从事的工作,说出他的快乐、辛酸和劳累,这样,谈话就自然进行下去了。

(2)随时抓住发生在身边的小事,主动和人攀谈。

比如,你和一个陌生人同坐一列火车,去某个地方。上车的人很挤,人们互相吵闹,有的甚至动手打起了架。你说:现在的交通,太拥挤了,每年坐火车,每年是这样。对方也许会接过话头,谈及去年他在某地上火车,皮包被挤掉的故事,也许他会附和你的话题,然后你们就从火车的拥挤开始谈到交谈,谈到中国的人口,一路上也就会成了好朋友。

（3）故意说错,让对方改正,以利交谈。

比如,你判断对方肯定对艺术有所了解,或者原来就知道对方是一个艺术爱好者,尤其是他读了不少的外国文学名著,你故意这样问他:巴尔扎克是英国人吧? 对方会马上纠正:不、不,是法国人。第二句话自然而然地就引了出来:我看他写的几部书,非常深刻。你对他很了解吧?

（4）寻求对方的帮助。

可以利用手边正有求于他人的事,也可以制造一些人为的困难,寻求他人帮助。但不要求人帮助解决太大的圈难,不要损伤对方的利益。一件小事就可以了:代销一两张票,代买一件物品,请他帮你扶一下车子,或者问一下时间等等。这样的小恩小惠,会使对方有一种满足感,内心有一种渴望,希望你会一笑,或作出感谢性的回答,而这正是你能和他谈下去的机会。

3. 与陌生人的交谈技巧

在处世交往中,有些青年朋友与陌生人交往,常常感到很拘谨,不自然。可以从以下几点做起,锻炼与陌生人交往的能力。

（1）消除紧张感。说出第一句话的勇气,这样,紧张感便会随着对话的深入自然而然地得到缓解,从而达到交往的目的。

（2）主动问话。主动与对方打招呼、亲切地问候,直接关系到初次与陌生人交谈的效果。

（3）引出话题。如果你是第一次登门拜访一位陌生朋友,你要充分利用你的观察力,看看能否找到一些能显示主人性格爱好的物品。话题就可以由浅入深地展开,使交谈显得融洽而热烈。

（4）勇于介入。如果你遇到的不是一两个陌生者,而是一群陌生者,这时,不妨先观察一下,看看有否与自己年龄、职业、气质等相近的对象可以接近。一旦发现,就可迎上前去,向他作自我介绍,这种举动在那样的场合大多会受到欢迎,因为对方也可能正在寻找陌生的交谈对象,交谈就更容易获得成功了。

4. 与女士谈话的诀窍

当你与一位女士交谈时,你是否知道,她虽然龄持、温柔,但正在用她的特殊眼光在"审视"你。这就是女性特有的直觉和观察力。她可以从追踪你的举止谈吐开始,一直深入到你的内心世界。故请你千万注意与女士谈

话时要掌握的各种诀窍。

（1）如果坐在沙发上与女士谈话，不要仰卧在那里，四肢叉开。这会使她认为你不懂规矩，交谈时，你可以看着对方，但不能盯住不放。看对方注意视线的转动速度，从不看到看，或者到不看，眼神都需缓慢地移动。切不要突然闪开，突然注视，这样可能使她对你产生心术不正的印象。

（2）在你尚不了解女士生活背影的时候，切不要问她的年龄、婚姻及薪水情况。但可以问她的父母、兄弟、学历与职业。如果你迫切想了解她的私生活，可以问："你和父母还住在一起吗？"如果对方将你当成知己，她会自动讲出你想了解的情况。

（3）相比男性，女性更希望得到别人赞美，但不喜欢露骨的阿谀奉承，对美貌的女士，可以赞扬她的美丽，但你必须认准她是个活泼、开朗的姑娘；对内向、含蓄的女子用这种赞美，可能会使她认为你"不正经"；相貌平平的女士，对赞美十分敏感，你可以赞扬她的风度、仪态，她心中会很高兴。

（4）女士喜欢谈论与自己有关的事情，她的娱乐、爱好、交往，都是希望别人了解的。即使与一个女经理谈生意，你也可以对她为人处世的特点与对人的感情上赞美几句，这样生意成功的机会就多一些，不过讲得要得体。

（5）老友相见，女士最爱听的第一句话莫过于"你一点也没有变，和以前一样漂亮"。如果女士主动讲起你的面容仪表，这表示她马上想知道你对她时去经年的变化有何看法，这时你若避而不谈她的容貌，可能会使她失望。

（6）女性的观察力虽强，但对具有逻辑推理的幽默语言却理解、消化得比男士慢。"见到你的发式，白云也躲起来了"，女士会过敏地想到"白发"、"乱云"而不会马上联想到"秀发如云"的赞赏，所以对女士讲俏皮话要多加注意。

（7）注意女士讲话的表情。女性在讲话的开头，往往避对方的目光，可一旦进入感情性的交谈，女性首先进"角色"，会非常注意你的表情，而且时时看着你。如果始终避着对方的眼光，她会觉得你有"女子气"。所以方在讲话的高潮中，你应多注意她的神色，但别盯住一个地方。

（8）女人比男人更需要同情，对方如果向你诉说一件事，你千万不要就事论事讲一通，而应首先宽慰女士的感情，这样再讲道理她就容易接受。

（9）女士不轻易拒绝人，而往往用沉默、注意转移或假装没听见来表示婉转推辞。遇到这种情况，你或者立即结束交谈，或者转到其他话题。

（10）女士谈话的需要比男性强，但这种需要多出于感情的满足，所以女性交谈时容易忘记正事、正题。故需要男性及时将话题转到要谈的事情上。男士要充当"谈话"的引导者，否则就便交谈变得漫无边际。

5. 和爸爸妈妈说话的策略

（1）尊敬父母，玲听诉说。人与人之间应该相互尊重，子女对父母更应该是这样，而这种尊重很重要的一个方面，就是耐心玲听父母的诉说。

父母，尤其是老年父母，在与子女交谈时，常常出现两个特点：一是喜欢沉湎过去，喜欢回忆自己辉煌的历史，希望后代能继承他们的品德和业绩，并发扬光大。二是人老话多，讲起话来总是絮絮叨叨没个完，这种现象是普遍的、近常的，因为在父母眼里子女总是孩子，他们对子女总有操不完的心，说不完的叮嘱。然而有些年轻人往往不理解父母的这些心理特点，他们常常对父母的诉说感到厌烦，认为他们厌烦，是一套"陈糠烂谷子"，表现出不屑一听的反感，有的甚至当场斥责，打断父母的说话，有的还以退场来冷落父母。要知道，父母的话也许有一定的道理，他们毕竟是过来人。如果父母的话明显是错的，要争论时也要注意用词的婉转和语调的平和，切不可起高腔堵住父母的嘴。否则，就会伤父母的心，破坏双方心灵的交往。

（2）理解父母，说体贴话点子女与父母之何，由于年龄上的差距，往往产生认识上时差距，这就是所谓的"代沟"，"沟"可以用土填平，而"代沟"也并非不可愈合，愈合"代沟"的有效方法之一，就是加深对父母的理解，加深对父母的感情。

父母需要儿女的安慰体贴，更需要理解。天下父母都是望子成龙，爱子心切，心切则言乱，在这时，青年人不应抓住父母话语中的某个词语、某些语气、某种方式不放，认定父母就是跟自己过不去，而应该理解莉体地父母的说话动机，与父母交谈时，不要强调父母的态度和方法，要相信你的理解和体贴，一定会换得父母更多的爱心。

（3）求教父母，说商量话。父母对于我们年轻人来说，是一本十分有益的教科书。他们的生活阅历和经验，是一座非常丰富的知识宝库，因此，经常向父母请教和商量问题，既表示了对父母的尊重，又可以从父母那里

学到许多书本上学不到的知识。

有时有这种情况,自己的观点与父母的观点存在明显分歧,而自己又必须坚持己见。这时当然不便于马上商量。除此之外,其他的事情,则应该经常而及时地与父母通气,听听他们的意见,这无疑是有好处的。

遇事与父母商量不仅使父母感到是对他们的尊敬与信任,而且能帮助我们年轻人正确对待莉妥善处理工作、生活申的一些具体问题和矛盾。在婚恋问题上、工作问题上,等等,父母都曾有过许多经验和教训,如能及时向父母谈谈自己的想法,主动征求他们的意见,请他们当参谋,从他们的经验中受到启发和教育,那么我们的生活将会更美满,家庭更和睦。

由此可见,遇到问题后。要和父母常通气,常交流,以增进相互间的理解,创造一个美好的家庭环境。

6. 和老师说话要注意的几点

当自己主动找老师交谈时,应根据场合的不同,注意以下礼仪:

(1)在校园内找老师谈话,应主动打招呼询问,尽量在不打扰老师正常工作和休息时交谈。若遇上刮风天气,自己应站在下风处;若光线耀眼,自己应迎光而方,尽量让老师站在有利的位置,这是十分必要的。

(2)在办公室找老师交谈,应主动请老师坐下。如果老师不坐,作为学生不能坐下,应和老师一起站着说话;如果老师请自己坐,应在老师坐下后,自己再坐下与老师交谈。

(3)在与老师交谈时,作为学生无论在室内还是室外,无论是站着还是坐着,都应"站有站相,坐有坐相",不可东张西望,抓耳摸头,搁脚抖腿。应该是姿势端正,双目凝视老师,认真地听教师讲话。

(4)在与老师交谈期间,如果有人找老师或老师突然有事,自己应主动提出告辞,以免老师左右为难。

(5)对老师讲的问题,如果自己有不理解的地方或有不同的看法,应主动向老师提出,并谦虚而诚恳地向老师请教,直到弄清搞懂为止。切不可自作聪明,不懂装懂,这是虚伪的表现。这样的交谈,不但达不到交谈助良的,而且还有可能产生误会,是十分不可取的。

第三单元 实用社交战术

战术 1 独特而具有个性的笑容

1. 我可不是随便对每个人微笑

有没有看过那些低成本服装邮购目录？从头到尾都是用同一个模特儿。她不管是穿着晚礼服或比基尼泳装。脸上都挂着一模一样的制式笑容。如果你去敲敲她的额头，可能会有个小小的声音回答："没人在家。"

时尚杂志里的名模就不同了。她们的表情十分生动丰富：有时候露出"我有个秘密哦！"的微笑；另一页的表情又换成"我想认识你，不过我不太确定"；下一页则摆出蒙娜丽莎的神秘笑容。这类模特儿让人觉得，她漂亮的外表下有颗聪明的脑袋。

有一次，我和游轮的工作人员一起列队欢迎游客上船。船长、船长太太，以及其他儿名工作人员都在场。有个乘客笑容可掬地一一与我们握手。轮到我的时候，他绽开了非常迷人的笑容，洁白的牙齿就像钢琴键那般整齐。当场我立刻被他吸引。他像二盏光芒耀眼的灯，照亮了整个大厅。我心中暗自祝他此行愉快，并决定稍后去认识这位迷人的乘客。

他接着走向下一个工作人员。我从眼角的余光看见他露出一模一样的笑容。到了第三个工作人员时，他的笑容还是不变。这时我对他的兴趣已经慢慢消失了。

等他绽开第四个笑容时，那表情简直就像只赤郡猫（爱丽丝梦游仙境里的人物）。到了第五个人面前，他那一成不变的笑容，已经成工闪动的日光灯，破坏整个大厅的气氛。这位老兄从头到尾对每个握过手的工作人员部露出那一百零一式笑容。我已经没兴趣去找他聊荒了。为什么前一分钟他给人的印象如此深刻，下一分钟却让我从云端跌到谷底？那是因为他的笑容，他的笑虽然迷人，但对我来说，并没受到特别待遇。显然他给每个人的笑容并无二致。这样一来，自然丧失其独特的勉力。如果这位先生对

每个人的微笑能稍微有所不同,他应该会显得更敏锐、更有智慧(当然,如果他当时丢给我的笑比其他人更灿烂,我一定顾不得礼节,冲进拥挤的大厅找他攀谈)。

2. 检讨你的笑容一览表

如果因为工作需要,身上必须配枪,在开枪之前,你一定会仔细弄清楚枪的每个部分。你也曾先仔细评估一下,这一枪究竟会使对方丧命、变成残废,或只是受伤而已?然后才瞄准开枪。既然笑容是最有力的沟通武器之一,你也必须仔细研究调整,看看它对你的目标会产生何种效果。利用五分钟的时间,把自己关进房间或浴室,别让家人以为你精神错乱。站在镜子前,当试几个不同的笑容。看看每种笑容有何微妙的差异。

与人初识时,你会交替使用 "Hi、你好、很高兴见到你" 等各种招呼语来回应对方。同样地,微笑也应该有所不同。不要对每个人露出一模一样的笑容。稍微区别一下,让你的笑容替你说话,反映出你对每个人不同的情感。

如果你给每个人的笑一成不变, 就像便宜的纪念币一样,会失去价值。和某群人初识时,对每个人绽放的笑容必须有所区别,沟通高手懂得利用笑容来表达不同的情感,说出他认识每个新朋友的不同喜悦。

如果这群人之中,某个人对你特别重要,就给他一个最灿烂、最特别的排山倒海的笑容。

战术 2 排山倒海的笑容

1. 笑得快或是笑得巧

传统的迅速微笑,在今天复杂的群体中,已经不再适用。只要看看全球的领导人、谈判专家、和企业巨子就知道。他们之中,没有一个是微笑的谄媚分子。各行各业的大人物都懂得让自己的微笑更丰富。因此,他们一旦绽放笑容,影响力更大,整个世界都跟着一同微笑。

研究人员将微笑分为数十种。比方说,扯谎被揭穿的人,笑起来像是绷得快断的橡皮筋;逗弄初生婴儿时看到的是软绵绵的迷人笑容。笑容有的温暖,有的冷酷,有的真挚,有的虚伪。你应该看过朋友脸上出现生硬不

自然的笑容,一边说,"很高兴你的来访";或是到处拉票的总统候选人,到了你住的城市,戴上生硬的假笑,说:"真的非常高兴今天来到呢……呃……(他搞不清身在何处)"。天生的赢家们都期道,笑容是他们最大的武器,所以将之调整到最完美,以求发挥最大效用。

　　2. 如何调整你的笑容

　　我有个大学同学叫小梅,去年刚继承家族企业,专门供应瓦楞纸箱给各大制造商。有一天,她来电说,她即将到纽约争取几个新客户,邀请我和她的客户共进晚餐。我很期待再看到小梅,我想念她随时绽放的笑容,以及深具感染力的笑声。小梅很爱吱吱呵呵地笑,几乎到了无可救药的程度,不过那正是她的勉力所在。

　　去年她父亲过世后,她告诉我她耍接管事业。当时我心想,小梅要在竞争激烈的企业界做个总经理,以她的个性,可能会有点太爱笑,太容易兴奋了。不过话说回来,我怎么懂她那一行的事呢?

　　终于,她、我和她的三个新客户先在城里一家餐厅的酒吧碰面,我们俩领着客户进餐厅时,小梅偷偷对我说,"今天晚上叫我梅丽莎。"

　　"没问题,"我跟她眨眨眼,"反正很少有公司总裁叫小梅的。"餐厅领班带我们入座之后,我开始注意到,眼前的梅丽莎和大学时代吱呵乱笑的女孩有明显的不同。她仍旧很迷人,笑容也和往常一样多。但是我肯定她变了,只是我不明白哪里变了。

　　她和以前一样,愉快得不得了。但是,我发觉她说的每句话,比从前更为真诚,更有见地。她以由衷的诚恳来回应客户,我察觉出他们也很喜欢她。那天晚上我大为折服,我这个朋友的表现实在太精彩了。晚餐结束时,梅丽莎又多了三个大客户。

　　走后,我在计程车里间她,"小梅,接管公司后你变了很多,你的性格里多了优秀企业人的特质。"

　　她回道,"其实改变的只有一样。"

　　"是什么?"

　　"我的笑容。"她说。

　　"你的什么?"我不敢相信。

　　"我的笑容。"她又重复一遍,好像我压根没听见一样。"你知道吗,"她的眼神若有所思,"我爸生病时,他郑道过几年我就得接管事业,他要我坐

下来，听他说一番话，从此改变我的一生。我永远记得他的话。他说。小梅，我的宝贝，记不记得有首老歌说，亲爱的，我爱你，不过你的脚太大了。如果你要在纸箱业界成大事的话，爸爸要告诉你，'亲爱的，我爱你，不过你的微笑给得太快了。'"

"接着他拿出一张发黄的剪报，他保存了很久，等到适当时机拿出来给我。其中引述一份关于企业女性的研究。研究显示，在商场上，女性愈慢绽放笑容，愈让人觉得值得信赖。"

小梅说话的同时，我想到许多名女人，撒切尔夫人、甘地夫人、葛达梅、美国国务卿欧布莱特，还有许多同样有名的女人。她们之所以成名，并不是因为笑容给得很快。

小梅继续说，"那份研究还说，温暖热情的微笑是一种资产，但是要延迟一点才有价值，因为那会让人觉得更有说服力。"小梅说，从那时候开始，她不吝惜给客户和同事笑容，不过她训练自己慢一点，牵动嘴唇。如此一来，她的笑容显得更真诚，让对方觉得自己很特别。

这就对了，小梅不过是笑得稍迟一点，就使得她的性格更为丰富，更有深度，也更真诚。虽然延迟的时间不超过一秒钟，对方接受到她美丽热情的笑容时，却感觉得到了独一无二的特殊待遇。

我决定进一步研究人的笑容。做鞋的会观察每个人的鞋子。想改变发型时，你曾观察每个人的发型。连续好几个月，我一直在观察每个人的笑容。路人的笑容，电视上的笑容，我观察政治人物、知识分子、企业人以及世界级领袖的笑容。结果呢？我发现，在这么多唇齿之间，被公认最有公信力、最正直的人，不过是懂得慢一点微笑而已。由于他们的笑来得稍缓，一旦绽开笑容，似乎洋溢了整个脸，好像强劲而缓慢的水流般有力。所以我称之为排山倒海的笑容。

和人打招呼时不要立刻微笑，那样会让人觉得，每个人进入你视线的人都是你微笑的对象。你应该先注视对方一秒钟，停一下，把他的脸输入脑子里，然后报以又大又温暖的笑容，让笑扩散到整个脸庞，连眼里也充满笑意。这种笑容会将对方融化吸入温暖的水流中。如此不到一秒钟的延迟，会让对方感觉你的笑容十分真诚，而且是他们独享的特别待遇。

战术 3 拥有你的个人专用词库

1.如何成为用词高手

有没有听过别人说话时,用词太过深奥或拗口?吐出那个大字汇时,从他们脸上的笑容、眼里的光芒,可以断定他们非常自豪。(更糟的是,他可能误用、错用,甚至连发音都发错了。哦喔!)

全世界人都觉得,一个人知道的词汇越多,表示他越聪明、越有创意。辞藻丰富的人,往往比较容易被录用,升迁得快,说话时别人也比较注意听。因此,那些天生赢家懂得使用华丽、精辟的字眼,而且听起来丝毫不觉突兀。这些词汇从他们口中优雅地说出来,替他们的话语加分。这些词汇用得精彩恰当;因为他们遣词用字时非常谨慎,就好像精心搭配领带或衬衫。沟通高手选择的词汇,不但搭衬他们的性格,也十分切中要点。

告诉你一个好消息,用词高手和一般人的差别,其实只有五十个词汇而已。想成为用词高手,不必在脑子里塞大过多的词汇。只要比别人多出几十个巧妙的用词,大家就会对你留下高明又有创意的印象。

建立这种超级字库非常简单。不需要埋首辞海,也不必去听字正腔圆的教学录音带。你要做的功课是,想想一些天天都在用的老掉牙词汇,像很好、很棒、很漂亮、很聪明之类的。然后从书架上拿一本同义字字典,查查你自己都听烦的字,翻翻有哪些替代词。

比方说,翻到"聪明"这个字,你就会看到一大串同义字。这些字都很生动,例如,慧黠、巧思、足智多谋、随机应变……等等。

2. 个人专用词库

拿出同义字字典,翻翻你每天用得快烂的字,找出可以替代的新字。接着,就像试穿新鞋一样,试着说说每个新词汇,看哪些用起来比较恰当。如果你觉得其中有些不错,就拿来取代你常说的陈腔滥调。

记得,只要五十个词汇,就能让你从言词平凡的人变成用词高手。一天学一个新词,二个月就能让你焕然一新。

你应该具备的

战术4 千万别毛躁

1.如何让人百分之百信赖

我有个朋友名叫海伦,她从事的是人才中介的工作,在业界极受推崇。海伦往往能替她的客户找到极为理想的人才。有一次我问她成功的秘诀在哪里。她说,"大概是因为只要申请者说谎,我几乎都能察觉出来吧。

"你怎么知道?"

她说,比方上个星期,我替一个年轻女孩子面试,她应征的是一间小公司的行销主管。整个面谈的过程,她都是左脚跨着右脚。双手自然地放在大腿上,眼睛直视着我。

我问她对薪资有什么要求。她眼睛眨也不眨地看着我就回答了问题。我再问她喜不喜欢她的工作,她也自在地回答"喜欢",眼睛还是直视着我。接着我问她为什么离开前一个工作。

"那时候,她眼睛先漂向别处才又看着我。而且回答的时候,她移了一下姿势,换成右脚跨在左脚上。有一阵子,她甚至还把手放在嘴巴上。

海伦说,"我只要有这些资讯就够了。她给我的回答是,她觉得在前一个公司发展机会不大。可是她的肢体语言却告诉我,她没有据实以告。

海伦跟着解释,这个女孩子的小动作并不足以证明她在说谎。不过,这些小动作就足以让海伦做进一步的求证。

海伦继续说道,"所以我就试探了一下。我换个话题谈谈比较一般的主题。然后我又问她对未来的目标。此刻她已经不再局促不安。她又把手轻放在腿上,告诉我她很想在小公司工作,获得多方面的经验,才不会只懂得自己负责的案子而已。"

"接着我重复原先的问题,我问她离开前一个工作是不是单纯因为发展有限?果然,她又开始变换姿势,不断地轻移视线。她一边谈着前一个工作,竟然一边开始搓起前额来了。"

海伦一直试探她,最后终于找出真相。原来这个女孩子是被前一个公司解雇,因为她和当时的行销主管有激烈的意见冲突。

人力资源专家及警官因为经常要与申请者面试或是经常讯问嫌犯,

所以都受过训练，能分辨出一个人是否在说谎。他们很清楚要捕捉那些蛛丝马迹。至于我们这些一般人，虽然不懂得如何捕风捉影，不过我们的第六感常能察觉某人是在说谎。

2. 说真话时也要小心，别露出说谎的表情

问题来了，有时候我们并没有说谎，但是由于谈话对象的缘故，却令我们产生情绪变化，或心生胆怯。年轻男子跟漂亮女人谈到他的成功事业时，可能会举止不自然。或者女人更重要客户谈到她在公司过去的表现时，也会不自觉地搔搔脖子。

还有许多问题是因为当时的气氛导致。一个人在谈生意时，虽然完全不紧张，却有可能松开领子，因为室内太热了。政客在户外演说可能会不停地眨着眼睛，因为空气里有灰尘。这些举动都会给听众或旁观者造成错误印象，以为讲话的人一定是哪里不对劲，要不然就是在扯谎。

每次进行重要对话时，如果鼻子、耳朵或者脚底刺痒，就随它去吧。不要浑身乱动，抓这抠那的。最重要的是手千万不要去碰脸。手一旦靠近脸，就像其他毛躁的小动作一样，会让听众觉得你在胡诌。

沟通专家对于这类错误具有高度警觉。他们会刻意避免这类举动，以免被误认为狡诈不老实。他们会持续与听众保持眼神的接触。而且绝对不会用手去碰脸。手觉得刺痛或鼻子痒，也绝对不会去抓。觉得热的时候，不会松开领子；就算周围有尘土，眼睛还是眨也不眨。他们更不会用手挥去汗珠或是伸手遮阳。他们尽力忍受这些不适，因为他们知道，这些小动作会破坏信任力。

如果你在进行重要对话时，想留给别人好印象，觉得你是号人物，就要努力把这些多余的小动作戒掉。

战术 5 学会配合对方的情绪

你一定有过这种经验。晚宴或商务会谈上，有人介绍新朋友给你。你们照例握一握手，四月交接……接下来，你会觉得无话可说。你拼命想挤出一丁点有趣的主题，填补这令人旭枪的沉默。可是任你怎么搜索枯肠，仍然徒劳无功，于是新朋友就一溜烟地跑到餐厅去了。

我们都希望张口说的第卞句话让人觉得妙语如珠F窖智又有内涵。我们也希望听的人会立刻赏识我们的机智;有一次,我参加一个宴会,宴会上每个人都很有才华,非常聪明,脑子里满满的绝对不是糨糊。可是我真的快被逼疯了,因为这些人,每一个都想玉开口就证明年已非常有才。

几年前,孟沙组织邀请我担任他们年度大会的主题演讲人。这个组织的成员,都是极端聪明的社会精英分子,他们的智商水准,是属于全美国最聪明的前百分之二。我到达大会举行的酒店时,他们的开幕鸡尾酒会正在大厅办得沸沸腾腾。我先到柜台办理住房,然后拖着皮箱,穿过这些兴致高昂的孟沙会员,去等电梯。门一开,我站了进去,里面全是参加鸡尾酒会的会员。电梯满载着乘客,准备上升到各个楼层,此时,它却像是打了好几个哈欠一样,迟迟没有动静,过了一会才开始移动。

"嗯,"我对电梯的迟缓说了一句,"这电梯有点虚弱。"话一出口,里面的每个乘客都觉得必须展现他们超过一般人的智商,纷纷提出有力的解释。有人说,"显然电梯的轨道定位偏离了。"另一个又解释,"电梯的断续系统有问题。"突然间,我成了一只困在音响喇叭里的炸锰。真想立刻冲出电梯,远离这些知识巨人的轰炸。

后来,我回到房间,独自回想起来,其实他们的回答挺有意思。为什么当时我的反应那么激烈呢?

那是因为那些答案来得太快太多,而我当时已经累瘫了。他们活力充沛,兴致高昂,一开口就说得头头是道,全身疲惫的我承受不了,听起来无疑是刺耳的噪音。

由此可见,聊天的重点不在于具体事实或措词,而在于其音乐性,在于它的旋律。聊天的目的是叫人放松,我们嘴里发出的声音必须具有安抚的作用,像猫咪的瞄鸣、孩子的哼哦,或诗班的吟唱。所以谈天说地的首要之务,就是配合对方的情绪。

沟通高手与人谈话时,会抓准对象的个性,加以配合,就好像跟着音乐老师的琴声歌唱一样。当时电梯里那些聪明大师,不应该强行人侵我的思绪,他们可以配合我的徐缓节拍,说,"对呀,电梯这么慢。"如果在发表其精辟见解之前,先来个缓冲的前奏,说,"你有没有想过,为什么电梯会这么傻?"我一定会真心地回答,"有啊。"这样一来,双方的情绪状态稍稍平衡之后,我就能吸收"轨道定鹰偏离"那一套了。友谊不就这么展开了嘛?

想要成功地打开话匣子,第一步就是配合对方的情绪,至少头一两句要做到这一点。聊天的时候,你要记住,音乐不是措词。先观察对方的节奏是快板或慢板?再跟着他的节拍。这就是我说的配合对方的情绪。

随着客户的情绪起舞,对业务人员非常重要。几年前,我决定替好友史货拉办个惊喜派对。这个派对具有三重的庆祝目的。第一是她的生日;第二,她刚订婚;第三,史袋拉刚刚得到她梦寐以求的工作。我们从学生时代就是死党,对于这个超级派对,我当然是全心准备,兴奋得不得了。

我听说镇上有间法国餐厅,里面有个包厢,很适合办派对。那一天下午大约五点钟,我愉快地走进那间餐厅,看到带位的领班有气无力地翻着订位簿;我开始巩哩孤啦地说着史袋拉的超级派对,并请他让我看看颇受好评的包厢。听完之后,他脸上完全没有笑容,甚至没有牵动任何一块肌肉,他说,"包厢在后面,想看的话你自己去看。"

拜托!这种冷屁股的态度把我的兴致一扫而空。我根本不想租用他那个烂场地了。我这个客人连场地都还没看;生意就被他丢了。我扬长而去,发誓要找个好地方,这一次,那边的经理必须懂得分享我的喜悦,或者至少"假装"感受到我的喜悦。

因此,我们在张嘴之前,应先对谈话对象进行"声音采样",以便试探他的情绪状态。先在心里分析你取得的声音样本,看看对方究竟是很愉快、很烦闷;还是很暴躁。如果你希望别人听听你的想法,你就必须先配合他们的情绪和语调,可能只要一下子就够了。

战术6 讨价还价的唬人之道

讲到买东西,千万不要低估人类的潜能。很多人把爱与战争之前人人平等这句名言,引申为爱、战争与买东西时人人平等。在生意热闹的晚上,为了要在高级餐厅订到位子,很多人都会假冒名人。这招已经是老套了。我最喜欢的一个餐厅经理告诉我,他接过很多个劳勃邀尼洛打电话来订位。等到六个人或八个人全部到齐时,他听到的是"哦,抱歉,劳勃今晚不太舒服。"

还有一个女人,假冒名人订位不成,对我的朋友大吼,"你给我听着,

要我报出什么名字你才肯给我张桌子？你要我当谁我就当谁,歌蒂韩,还是梅莉史翠普,给我个名字!"有些人还有临场的绝招。他们走进挤满了人的餐厅,走向领班,朝订位本上的名字随便一指,说,"这就是我们。"

这类孩子气的伎俩最好别用。我建议大家用一种比较有原则的手段,我称之为讨价还价的唬人之道。这个技巧是我在某天下午和保险经纪人卡森先生坐在一起时想出来的。当时他向我推销房屋保险。理所当然,我想以最少的代价,获得最大的承保范围。卡森是个圆滑的保险经纪人,他耐心地用最简的语言向我解释他想推销的附加条款有什么好处。

他正准备讲战争、爬风这类天灾人祸时,他的电话响了。他向我致歉,然后接电话。那是他的同事打来的。突然间,一场变形记在我眼前上演。原本莫测高深的推销员,变成了闲话家常的凡夫俗子,热烈地和同事讨论综合保险、流动保险。

几分钟后,卡森对电话那头说,"好,没问题,再见,"就挂上电话。他清一清喉咙,又变回莫测高深的推销员,耐着性子向天真的客户解释损害及最低扣除额。

我坐在那里,"听他说些取代、比例分配之类的专门术语,心想,如果刚卡森的同事打电话是为了买保险,他亏定可以买到比较好鲍保单,而且保费更便宜。几乎每一行都一样,"卖方订的价格有两种———一种是给同行,另一种给你我这种门外汉。

所以,买东西时,只要多一点点小知识,就能获益匪浅。如果你熟悉内幕,你就不会被剥掉一层皮。你不必懂得太多,只要一点行家术语就够了。那些内行人心想,既然你知道这个行业的秘诀,一定也知道最好的交易及底价。

把古阿拉伯人在市集中的杀价技巧拿到当今的商业社会来用。特别是做大笔买卖时。懂得怎么交涉,你就能得到好价格。

每次进行大笔采购之前,先找几家 " 不同酌卖方、其中只有一家是用来成交卜其余全用来学习。具备了内行人术语之后,你就可以大步走进你想买的那间店,做成一笔好生意了。

战术 7 让他人体会助人的快乐

苏珊·伊文斯是我的客户,她拥有一间大型的房地产公司。有次,我们在她的办公室里讨论即将执行的专案,秘书透过难讲机说,"不好意思,伊文斯小姐,你姐夫打电话来。"

"哦,好的,"她微笑道,"把他接过来。"苏珊向我道歉,拿起话筒。我起身离开她的办公室,以免侵犯她的隐私。

我回来的时候,苏珊正准备挂电话,我听到她说,"没问题,叫俺钉嘎话给我。"苏珊告诉我,她姐夫有个小表弟在加油站工作,这个年轻人很想学学房地产这一行。"小伙子会打电话给我,我来看看有没有办法帮他。"显然苏珊觉得帮姐夫的忙很快乐。于是我们又接着讨论先前的案子。

不到五分钟,秘书又按对讲机,"伊文斯小姐,有位桑尼。雷克打电话来,蚀说是您姐夫的表弟,有人要他打电话给您。"苏珊有些吃惊。我看得出来,她心里在想。"哇,我这个过分热心的姐夫一点时间也不肯浪费。"整个状况十分清楚:苏珊的姐夫哈利一定是兴奋过度,忙不迭地打电话给表弟桑尼,告诉倘天大的好消息:苏珊·伊文斯答应见他!桑尼二话不说立刻打过来,似乎把面谈这件事当做他无趣生活中第一优先的大事。

不论如何,有一个事实很明显,这位小表弟触犯了大人物奉行不悖的原则:别人答应帮忙时,不要立刻逼进。要让对方有时间细细咀嚼应允别人的喜悦,然后才请他付诸行动,拔刀相助。

姐夫和小表弟犯了苏珊的忌讳,全是因为时机不对。哈利应该隔天再转告表弟,以防这个小伙子去骚扰苏珊这个忙碌的房地产巨子。而桑尼也应该先问问哈利,苏珊的时间表如何。有些时候,立刻回电是很有利的举动,但是别人答应帮忙时,切勿过分心急。

朋友若是答应帮你的忙,要先让慷慨的他享受一下助人的快乐滋味,然后才请他付出代价。

要等多久呢? 至少二十四小时。

战术8 让对手脑中的油箱漏个精光

几年前的一个晚上,我在纽约大街抓到一个男人正在偷车。我大声喝令他停止。他匆忙逃逸的同时,还不甘心地对我施行报复。他跑过我身边,将我推到地上,我的头撞到人行道的边角,头骨裂伤。

我意识不清地走进附近医院的急诊室。手上拿着冰袋敷头,嘴里不停回答护士的例行问题:地址、电话、身份证号码、健保种类、健保号码等等。

我心想,为什么要拿这些琐细的问题来烦我呢?我当时只想随便找个人,告诉他我可怜的遭遇。护士结束无礼的质问之后,才问了一句,"好,究竟发生了什么事?"

后来我把我的遭遇告诉一位护士朋友苏。苏在另一家医院的急诊室负责替病人办理登记或入院。她说,"我了解。我不敢相信他们的表格竟然设计成这样,伤患竟然到最后才能说出事件的经过。"苏告诉我,想从骨折或烧伤的病人口中问出那些基本资料很困难,除非她先问表格上的最后一个问题,也就是,先问病人的事件经过。苏会先问病人发生了什么事。病人全盘托出的同时,苏则认真地倾听,不时深表同情。接下来,她说,"他们就会很愿意说出我的需要的基本资料。"

懂车的人都知道,油箱满了,就再也加不进一滴汽油。拼命想加满反而会溢出来。同样地,别人听你说话时,脑子也充满各种想法、担忧或渴望。如果你硬把自己的想法灌输给他们,和他们脑中的想法相混。就会变成对你有害的毒素。知果你希望自己的绝妙想法被对方接受,不起任何化学变化,请先漏光他们脑中的油箱。

如果你们讨论的是比较情绪性的话题,等对方发泄精光后,才轮到你说话。必要的话,心中从一默数到十。或许你会觉得永无止境,但是,除非等激动的对方说完,否则他不可能听进你的话。

如果你需要获取资讯,先让对方说个够。耐心地等他们脑中的油表指针降到零,等待最后一滴油漏尽。只有这么做,才能确定他们心中的噪音己除,可以开始接受你的想法了。

第四单元 幽默社交技巧

幽默 1 幽默在社交中的功效

　　幽默在社交中的功效就是令人发笑,使人快乐、欣悦和愉快,在社交中,如果你是个幽默高手会取得令人叹为观止的效果。

　　我们先举个小例子看看幽默社交的功效。一次,美国总统里根在白宫钢琴演奏会上讲话时,夫人南希不小心连人带椅跌落在台下的地毯上。正讲话的里根看到夫人并没受伤,便插入一句俏皮话:"亲爱的,我告诉过你,只有在我没有获得掌声的时候,你才应这样表演。"台下响起了一片热烈的掌声。

　　社交,就是人与人的交往。社交成功,就意味着彼此喜欢、信任,并愿意互相帮助、支持。要想取得社交的成功,方法、因素固然很多,但幽默的作用却是任何别的方法和因素都无法代替的。

　　心理学家凯瑟林告诉我们:"如果你能使一个人对你有好感,那么,也就可能使你周围的每一个人,甚至是全世界的人,都对你有好感。只要你不是到处与人握手,而是以你的友善、机智、风趣去传播你的信息,那么时空距离就会消失。"

　　现代幽默理论认为,幽默能在参与者之间产生一种强烈的伙伴感和一致对外的攻击性。幽默能一下子拉近两个人之间的感情距离,因为一起笑的人表明他们之间已经有了共同的兴趣、爱好,这是社交成功的第一步,也是很关键的一步。

　　我们看一看下面这个例子。在一个宴会上,有两位互有敌意的诗人和将军坐在一起,将军不喜欢诗人,对他表示冷淡。每当女主人谈起诗人的时候,将军就皱起眉头。宴会进行到一半时,女主人说:"我这位诗人朋友现在要为我作一首十四行诗,并且当场朗诵。"聪碉的诗人推辞说:"哦,不,好心的太太。还是让我们的将军来发一枚炮弹吧!"那位将军一下子乐了。举起酒杯,提议跟诗人碰一杯。此后,一直到宴会结束,将军

和诗人都谈得非常投机,两人因此成了好朋友。

互相敌视的两个人,相逢一笑泯恩仇,因幽默而化敌为友,这样的例子还很多。真正聪明的人,总是依靠着这种幽默使社交变得更顺利,更富人情味。

如果你希望有所成就,希望引人注目,希望社交成功,那么你就应该学会和别人来点幽默,共同的笑。幽默是极易接近感情的热线,它像春风一样,使愉悦充满两人的交际场申,表达着你的真诚和温情。

幽默宛如一座桥梁,是沟通人心灵的桥梁。

幽默者最有人情味,与这样的人相处,每个人都会感到快乐。

幽默是人际关系的润滑剂。

幽默能使激化的矛盾变得缓和,从而避免出现令人难堪的场面,化解双方的对立情绪,使问题更好地解决。美国作家特鲁讲:"当我们需要把别人的态度从否定改变到肯定时,幽默力量具有说服效果,它几乎是一种有效的特殊处方。"他还讲:"幽默帮助你解决人际关系问题。当你希望成为一个能克服障碍、赢得他人喜欢私信任的人时,千万别忽视这种神奇的力量。"

幽默不仅能克服矛盾冲突,而且还能使心灵沟通。人们凭借幽默的力量,打碎自己的外壳,主动地与人交往,触摸一颗颗隔膜的心,通过幽默人们能感受到你的坦白、诚恳与善意。

严肃的交谈与例行公事般的来往,往往给人一种戴着假面具的感觉,也似乎只能让人了解你的外表,却无法探知你的内心,这样的交流是极难深入下去的,因而没有心灵的沟通的社交,不能算成功的社交。幽默能够让人们看到你的另一面,一个似乎是本真的、人性的、纯朴的一面,这是人性的共同之处。

这一点,里根是一个很好的例子。美国总统里根曾回到他的母校,在毕业典礼上致词时,他嘲笑自己在学校的成绩。他说:"我返回此地只是为了清理我在学校体育馆里的柜子……但获此殊荣,我心情十分激动,因为我过去总是认为只有得到第一名才是荣誉。"这一番展示自己另一面的讲演,取得了很好的效果。

用幽默,我们也可以回答自己不愿听的问题。芬兰一建筑师说话很慢,当记者访问他时,一直担心时间不够。万般无奈只好说:"沙先生,时

间不多了,能否请您说快点?"沙先生一听,慢吞吞地掏出烟斗,点上,能多慢就多慢,懒懒地说:"不行,先生,不过,我可以少说一点。"

用幽默化解困境,回答难题,维护自己的利益,捍卫自己的尊严,而又不伤对方的感情,达到良好的效果,这是别的手段难以媲美的。我们再举个精彩的例子:

一次,德国大文豪歌德在某公园散步,在一条仅能让一个人通行的小路上和一位批评家相遇了。

"我从来不给蠢货让路。"批评家说。

"我恰好相反!"歌德说完,笑着退到了路边。

幽默是社交成功的法宝。运用幽默的力量,我们就能通过成功的社交,走上成功的道路。

幽默 2 幽默三要素:时间、地点和人物

1. 人物

幽默社交的主体是人,是复数的人,而非孤零零的一个人。幽默社交总有一个或数个对象存在于幽默者面前,什么样的人适合于什么样的幽默,这是必须注意研究 " 的。假如你同回民开有关猪的玩笑是不会有什么好结果的。所以你要施展幽默时,得先看清在场的有哪些人,他们的背景又是如何,小心避开话锋才不致造成不愉快的场面。不要触到别人的疼处,不要过分表现自己。幽默的目的不是压倒对方,如果认为对方在某一方面比如长相、家庭、学历、职业等方面可能自卑,则最好不要开这些方面的玩笑,以免伤害对方。

另外,对别人的幽默也不妨捧场,要知道幽默并非你一个人的特权,在谈话场合里如有别人施展幽默时,你得记住要笑一笑,即使不好笑也要捧场,因为笑是具有传染性的,只要气氛制造出来了,在轻松欢乐的气氛中,你的幽默也能事半功倍。为别人捧场,不会被别人抢去风头,别人会感激你的合作态度。这又是你社交上的一大胜利。

2. 时间

时间实际上就是正确地把握时机。

不同的时候人的心情、想法可能不同，要适应这种变化，随时应变。

另外还要懂得改变话题，当你发现气氛凝结的情势，最好巧妙地施用幽默，改变一下谈话气氛。

有本书中曾举过这样一个例子。

譬如有同事在讨论赛马，这俩人因购买对象不同，意见相持不下，眼看就要爆发一场口舌之争，你可以假装懊丧地说："拜托别提赛马了，那是我一大恨事。"

别人一定会转间你："你输了很多吗？"

你可以说："不是呀！我根本没机会输，因为我好不容易选中一匹马时，才发现口袋里的钱不是该给老婆的就是该给岳母的，只好眼睁睁地看那匹想买的马替别人赢钱了。"

3. 地点

同样一种幽默会因使用场合之不同而有相异的效果。

在美国的一所大学里，一位俄文教授上第一堂课时，带了他的狗去了。开讲之前，先用俄语叫他的狗做了若干表演，一个口令一个动作，演出倒也顺利。

表演完毕，教授对同学讲话了。他用手指着他的狗说："各位同学都看到了，我是用俄语指挥我的狗做动作，一点困难也没有。"

他停了一下又说："俄文是很容易学会的，连一只狗也能听得懂，你们一定更没有问题。"

这则开场表演非常精彩。但如果这位教授不是在美国教俄语，而是在中国教俄语，那用狗来相学生们相比，肯定会招来人们的不满，因为说某人是狗，在中国是对人的侮辱和咒骂。

有的场合适于幽默，有的场合则绝对避免开玩笑。譬如你参加一项葬礼，对灵前落泪的死者家属说："去世的那位先生一定是个性强硬的人，你看他现在从头到脚都是僵硬的。"伤心的家属听到这话一定会觉得你不知趣。

假如你在丧礼结束后宴席上这样说："去世的那位先生个性好像很坚毅，他是哪里人？"

"是××地人。"

"哦！原来是 XX 男儿，难怪一副宁死不屈的样子，真令人佩服！"

这样的话就包含赞扬打趣的意味，家属们会觉得欣慰又有趣，自然心

情会开朗些。

总之,看清对象,把握时机,分清场合,是幽默社交成功的法宝。

幽默 3 幽默理论语言幽默法

1. 语言岔断技法

岔断技法,它的特点是:言语及事情的逻辑发展突然中断,心理期待猛地扑空,随之又滑到一个并非预期、然而又非毫不相干的终点,造成一种"恍然大悟"式的笑。

例:在飞机上,空中小姐用和谐悦耳的声音对旅客说道:"把烟灭掉,把安全带系好。"

所有的旅客都按照空中小姐的吩咐做了。过了 5 分钟,空中小姐用比前次还优美的声音又说道:

"再把安全带系紧一点吧,很不幸我们的飞机上忘了带食品。"

2. 语言曲解技法

将本来不相干的事情巧妙地引人到原先叙述的事物中来, 从而得出新的认识、体验和结论,造成幽默。

从纯语言学的角度,它仿佛逻辑学的下定义,词典学的释词义,形式上一般都是有"……是……","……者……也"之类的标志。但它的内容并非是对某个概念、某个词语的内涵、外延的准确说明,而是根据言语表达的需要,假借谐音、多义等语言因素,故意地对词语做不正确的解释。在它的动态表现中,通常都有心理期待突然扑空的因素,也有言语组合违背语言组合制约性的矛盾冲突的作用。

例:妇者,服也。

创作,就要创造性地作,主要之处在创字上。

私生活,就是应该私下里生活。

甲:我的马丢了,打算在报社登寻马启事。

乙:不行,因为你的马不认识字!

3. 对比技法

内容与形式、愿望与结果、理论与实际等多方面产生的强烈的不协调,于是形成了不和谐的对比,这种强烈的反应产生了幽默。

运用对比方法创造幽默意境,还需具备三个必备条件:

进行对比的事物应是互不相干的,甚至完全相反的;幻要为对比双方的交锋安排一个最佳时机,即捕捉意念与情境巧妙融合的"一瞬间";刊要找到联系对比双方的媒介物,即二者之间的某个共同点。

例:某顾客在饭店里吃饭,吃出不少砂子,吐了一桌子,服务员上来问道:"饭里有不少砂子吧?"

顾客说:"不,还有米饭!"

4.本末倒置法

先肯定某一事物,随之在后来的以之相近的话语中装入新的内容,结果否定该事物。也即把事物正常关系在特定条件下倒置过来,从而产生幽默。

例:你有孝顺儿子,我呢,我有孝顺儿子。

列车员看了一位老太太的票后说:"这是从瑞典耶特到马尔摩的票,可我们这趟车是到斯特歌堡的。"

老太太严肃地看着列车员问:"怎么办,难道就连司机也没发现他开的方向不对吗?"

5.词语联想法

把两件表面上似乎毫无联系的事物牵扯到一起,从不协调中产生新的协调,从而产生幽默。

例:甲:快下雨了。

乙:为什么?

甲:因为你的脸上布满乌云。

鱼是这样一种生物:当渔夫们休假时,它们才能出去郊游。

6.语意承转法

先承认对方的思路,后词意直转,引出意外的结果。

例:某男对女友:亲爱的,我一定要买一枚金戒指送给你。

女:现在行吗?

男:不行,因为现在还没有。

7.意义转移法

在话语中,语词的现实性的意义离开、转移、违锄了它的经典的、规范的意义,造成了主体语言经验和现实语词意义的矛盾冲突,从而产生幽默。

例:丁四:(穿)怎么样?

娘子:挺好!挺合身。

大妈:就怕洗一下水就抽一大块!

丁四:大妈!你真会说吉祥话儿!

8. 事物串述法

将两种不谐和的观念或事物连贯起来。然后产生意外的效果。

例: 某地举行国际棒球邀请赛,邀请了两位贵宾。一位是首席贵宾世界棒球联盟主席,另一位是棒球名将,由于这位名将时间紧迫,来去匆忙,就请他先讲几句,然后,才请联盟主席上台致词。

这位主席一上台就说:"人的打击顺序能排在王贞治(即那位棒球名将)之后,本人感到十分荣幸。"此话一出,立刻全场掌声笑声大起。

9. 矛盾

将互相矛盾的两种事物硬连在一起,圈两种事物是截然对立的,所以给人一种荒谬的感觉,由此产生幽默。

例:某人演讲:大家都来了吧,没来的请举手。

10. 诡辩

用奇特的错误逻辑导出问题的答案,使听者不以为谬,反觉得别有情趣。

例:顾客:这一棉衣确实很暖和,请问这棉衣防雨吗?

商人:当然能防雨,你见过地里有棉花打伞的吗?

幽默 4 幽默社交的心理训练

1. 思考方法训练

(1)辐集思考。以某个思考对象为中心,从不同方向将思维指向这个中心,使思路逐步清晰,范围慢慢缩小,本质渐渐显露,在众多信息中引出一个正确答案或引出一种大家认为最好的或常规的答案。个体与群体的思维辐集密度越大,解决问题的办法越多,创新的可能性就越大。

(2)辐射思考。从已给的信息中产生信息,其重点是在同一来源中产生各式各样的为数众多的输出,很可能会发生转移作用。例如:把一个美丽的风筝拿到学生们申间,他们会辐射出各种各样的想法:①可以放到空

中玩。②可以测试风力、风向。③可以隔海传递信件。④可传递军事信号。⑤可在空中作靶子等等。由于这种思维朝着不同方向进行的,所以有时能够给思考对象加上新的意义,促成新的思维方向的转换,从而探索未知的东西。

（3）组合思考。思维把两组思考对象结合起来,试图形成一个有价值的新产物的思考。如将铅笔与橡皮的合并成为学生们喜爱的橡皮头铅笔,收音机与录音机的合并满足了人们边听边录的需要等等, 以上各种事物的组合,是发明者做过多种假设构思、组合思考以后产生出的各种有价值的产物。为了促进组合思考,常用的方法有"一对关联法",就是从思维上摇似乎不相干的两种物品强制性地关联起来。组合思考的原则是合并后比单一状态具有更大的价值。

（4）相似思考。将某客体与思维对象联系起来,从它们的相似关系中,发现某个启发点,从而解决问题的思考。相似思考的内在机制是意象相通,即原型启发的形成一部分进入思考者的脑海,它与思考对象的相似之点,一瞬间接通了百思不得其解的思路,使思考者蓦然进入了开朗的境地。

（5）反问思考。将人们通常思考问题的思路反过来,用对立的看上去似乎是不可能的办法解决问题。在创造过程中,创造者往往由于受习惯思维方式的束缚,思想上受到局限,对于解决的问题百思不解。如果把思维方式、角度变换一下,从问题的反面进行思考,问题便会迎刃而解。这是因为自然界的一切界限都是有条件和可变动的, 没有任何一种现象不能在一定条件下转化为自己的对立面。但是,进行反向思考要注意依据具体情况具体分析。

法国哲学家埃米尔·查特依尔说:"仅有一种想法比任何事情都可怕。"找一个常见的字,努力回想它在不同位置上所能组成的成语,然后尽可能地将它列出来,为你的一个决定至少设想出五种以上可能的结果。

不怕失败法。通用电器商业公司的创始人汤姆斯·丁·沃特里生说过:"通往成功的路即:把你失败的次数增加一倍。"抱定勇往直前的念头从事各种各样的实验,即使失败亦绝不停止。在这方面,爱迪生的发明故事早已尽人皆知。

尽情假设法。举世闻名的"科学幻想之父"儒勒·凡尔纳在他的作品中为未来作了种种幻想:电视、直升机、潜艇、导弹……几乎没有一样20世

纪的奇迹没被这位维多利亚女王时代的人物预见到。这便是尽情假设的力量。

违反逻辑法。历史的方法是通过考察对象的自然进程来揭示来对象规律的方法。它要求按时间顺序的先后展开,尽可能收集有关的资料对事物进行研究,不仅考察大事件,也要考察小事件和偶然事件,反映出对象的丰富性和生动性。逻辑的方法只有在运用历史的方法,收集大量资料,分析了它的各种历史形态之后,才能起到它的作用,所以在思维过程中,必须把逻辑的方法和历史的方法结合起来。历史的和逻辑的方法在更广阔的领域展开思维的概念、范畴与真实历史进程的关系,它是构建严密的科学知识体系的实在依据。

逻辑思维方法无疑对现代科技的进步和社会的发展起过重大作用,但它同时又极可能成为置新思想于死地的杀手。想象中的小鸟一进入逻辑思维的严格空间,翅膀就变得格外沉重起来。当然,反逻辑不要和瞎胡闹并论。

逆向思维法是从思维方向的角度来谈的, 其方法是从正方向思考之后,再逆方向思考一番。逆向思维有着特殊的意义,它反映了事物矛盾变化发展的相互联系、相互作用和相互转化,达到对立的统一。因此,对于一个问题,我们反过来思考一下,会便思路开阔,往往另有所得。

躺着思考法。长岛大学的贝格尔博士研究表明,当一个人舒舒服服地躺着时,心境较平和与满足,联想力丰富、续密,思考的范围更加广阔。故他建议联合国开会时,各国代表都躺着开会,看似荒唐滑稽,却深含科学道理。

爱因斯坦说:"想象力比知识更重要。"高尔基也曾说:"请允许我沉溺于幻想,我这样做,是因为我深信,没有什么幻想是人类的意志和才智不能改造为现实的。

张开想象的翅膀吧!想象可以把旧的想法和已知的事实重新组合,以发挥创造性才能。一切成就都是在想象中获得的,我们把计划变成事实,也是从想象开始的。

幽默5 优化思维能力训练

1. 排除成见法。

这种方法目的在于尽量使人摆脱思维定式,更客观地认识现实。迪波洛举了一个这样的例子来说明:如果我们正在讨论公共汽车的设计方案,有一个人提议将汽车的座位全部去掉,你会有什么想法?

这个建议初听起来似乎很不合理,但如果你姑且将它看成是一种不同的见解,并用几分钟时间将这个设计的优缺点列出,也许你会惊异地发现,它的优点居然和缺点数量差不多,如造价便宜,易于维修等等。

这种排除了因思维定式所带来成见的思维方式,使你的思维活动更具灵活性,从而更符合客观实际。

2. 通盘考虑法。

这种思维方式最基本的特点是不忽视和遗漏任何细节,从而使你的判断准确可靠,不至于顾此失彼。

有这样一例:一对夫妻看中了一套公寓,理由是这座公寓夏天时四周景色优美。可一位朋友却问他们:"如果冬天花木凋零后景色又将会如何呢?"这对夫妇就不知如何回答了。实际上,这座公寓周围冬天是毫无景致可言的。这对夫妇在抉择时,正是缺乏通盘考虑,忽视了一个显而易见的问题。

3. 事先预见法。

这种事先预见的思维方式,将会使你人生各个阶段的生活获得最佳选择。

有关专家认为,人对自己将来的预见,以时间来划分,大体可分为四个阶段:目前;短期(一至五年);中期(五至十五年);长期(二十五年以上)。中国有句古语:人无远虑,必有近忧。这正是提醒人们对自己的将来要做比较久远的考虑。如果你能自觉地思考人生各个阶段的目标,那么可以使你在有关问题上有比较正确的抉择。

4. 明确目的法。

所谓明确目的,就是指在思维过程中,时刻注意你做某件事时的明确

目的。如一位老奶奶在织毛衣，而孙子却在一旁捣乱，于是她把孙子放进栅栏中，但小孙子却哭个不停，她仍无法织毛衣。这时她想到:我的目的是将孩子分开，而不是圈起来，既然如此，我何不自己进入栅栏里，而把孙子放到外面呢？她这样做了，问题也就迎刃而解了。

5. 分清主次法。

这种思维方式可使你在具体事物多样的联系和关系中，确定其中最重要的因素，从而对问题做出正确的判断，而许多人在思考问题时，常常不分主次，只凭一般感觉，而这一般的感觉是无法真正洞察事物实质的。

6. 开拓思路法。

有时，我们会为了一个似乎无法解决酌难题而陷入困境，大有"山穷水尽疑无路"的感觉。"然而这时你能开拓思路，进行大胆的设想，也许会出人意料地得到"柳暗花明又一村"的效果。即使被认为荒诞不经;也不妨试试，最优的选择也许有时就产生于这种大胆的设想。

荷兰一个城市产生了垃圾问题，由于居民不愿使用垃圾桶，结果使得垃圾遍布四处。有人提出这样一条建议:在每个垃圾桶里装上电子感应的退布机器，人们倒垃圾时，就可以拿到十元奖金。这个建议似乎，七分器谬，因为假若市政府这样做，过不多久就会发生财政危机。但人们却从这个建议中得到了启示，于是设计出了装有感应器的电动垃圾桶。每当垃圾丢人内时，电动垃圾桶便会播出一则故事或笑话，其内容还时常变化。结果这个设计大受欢迎，它使城市恢复了清洁。

优化思维方式是我们一切行动的先决条件，它将使你考虑问题时的失误率大为下降，从而使你变得强大有力。请记住这一点:以正确的方法进行思维，即使智力水平亡般，也常常会使人做出高明的判断。

不言而喻，在与朋友保持发展关系的问题上，以正确的方式进行思维，定会获得极大的成功。

7. 引发思维七种训练

一是质"疑"。学起于思，思源于疑，心理学认为:疑，最容易引起定向探究反射。有了这种反射，思维也就应运而生。

二是引"趣"。凡是富有兴趣的东西特别能引起人的思维。

三是勤"学"。知识是思想之最初动力和基本手段。一般而言，学习愈勤奋，知识愈丰富，思维愈敏捷。

你应该具备的

四是攻"难"。思维的"脾性"是不爱和容易的问题打交道,而喜欢同疑难的问题交朋友。华罗庚有一则警语:"下棋找高手,弄斧找班门。"

五是动"情"。俗话说:"知情达理",先动之以情,引发思维,再达到晓之以理。

六是求"变"。将现有的知识结构进行调整,重新组合,可以激发思维;对己熟悉的事物变换一个角度认识,可以引起新的思考。

七是务"本"。就是要树立辩证唯物主义世界观,全面地考虑问题,思维才能开出娇艳瑰丽的花朵。

幽默6 九种令人爆笑不止的绝妙动作

1. 像只被捕的苍蝇般

当苍蝇停在一处时,必会以前脚搔头或后脚,你可以面向墙壁学这种姿势(苍蝇的前脚;相当于人的双手)。这时,观赏者只能从背后来看,而赤法直接看到脸,这对一些较害羞酌人是较合适的。

2. 若蝴蝶不易学,也可学毛虱

将掌背交叉重叠,手指并拢,指尖朝上摇摆,做出蝴蝶潮嘲起舞的样子,或将手指分开,作出不规则的晃动,看起来就如毛虱般翱翔如生。

3. 投怀于女腹上的读谐动作。

在电影《我们是野鸭》中,当男女主角互诉爱慕之心后,彼此非常高兴。于是男主角把头靠在女主角的腹上撒娇,形成非常可笑的景象。不过此法应注意人物和场合,不能轻举妄动。

4. 模仿海狗的样子

两脚向前并拢,以手臂做轴;固定在身体上,而后动手腕。

我们常在马戏团里看到海狗的表演动作,你是否也试试看呢?

5. 故作病态状

站立着,二手向下垂,以手肘为轴弯曲,手掌自然下垂,以腕水平移动,好像中风的姿势般。如果手指能完全放松垂下,嘴巴扭曲,并发出呻呀的声音,则更能显示"笑"果

同样的方式,将手臂固定在肘处,再由肘处向下伸直,掌心朝下,一边

伸至胸膛,一边稍低,如此看起来颇似幽灵,也是颇有趣的。

6. 模仿抓鲤鱼的动作

二手重叠相握。假设一手为鲤鱼,另一手要抓鲤鱼,先前的那一手向下垂后再往上提升,再以另一手来捉,反复这个动作。注意:如果做的动作,无法让人感觉鲤鱼抓在掌中,效果也不太好了。

有一个笑星,就常以此动作逗人。他假装自己完全不懂鱼性,抓住滑溜的鲤鱼,却不慎让它溜走,而又急急欲寻回。这样的动作,既简单又趣味横生。

7. 在宴会上突然做出站着如厕的姿势

这样的姿势看起来不太高雅,所以通常是喝醉酒的人才会做得出来。如果你旁边站着一个绅士或警察,而你却模仿人的如厕姿势,更能令人捧腹不已。不过此法容易流于低俗,要慎用。

8. 以手势表达感情

外国人常以手势表达想要说的话。例如:摊开双手,表示无奈。将手握拳,翘起大拇指,便表示顶叭的意思。

食指和大拇指圈成圆形,另三指伸直,这就成了 OK;嘴唇撇向一角,向鼻子方向翘高,并挤弄出皱纹,这种表情即讨厌的意思;又如伸直大拇指,即表示成功。

9. 用眼睛说话

闭一只眼睛而笑,或是眨眨眼睛,就会生动地流露出人们的感受。这是一种无需动嘴的表达方式,效果写手势相同。

当会议进行到最热烈时,往往和很多人争得面红耳赤,但这时只要你俏皮地送一下秋波;也许一些难题便将迎刃而解;或许你们事先已做了一些计划,那么不妨彼此眨眨眼,表示事情进展顺利。

令你不得不眨眼示意的是万当?你看到上司在对你挤眉弄眼时,你不能假装视而不见,已必须以亲切手势或眨眨眼回答。不论任何场合,只要适时地以此方式表达,那么天下事何难之有。

幽默 7 喜剧大师卓别林六大逗笑处方

a、我首先是尽量以一个陷入旭恤处境的人的身份出现在观众面前。风把帽子吹掉,这情景本身并不可笑。可笑的是另外一种情况:帽子的主

人紧紧地追赶这顶帽子，而他本人却被风吹得披头散发，衣襟也被风吹起。由此可见，要使得一个在街头闲荡的人引人发笑，就需要把他放在一个不寻常的状态中，任何喜剧情境莫不以此为基础。

b、一个人陷在令人失笑地状态中，但是他拒绝承认这种状态，反而拼命想保持住自己的尊严，这种人在我们看来就更加可笑了。这种人的最好的例子就是喝醉的人，他的谈吐、他的步态都说明他醉了，可是他却竭力让别人相信他的神态绝对清醒，他比那种根本不掩饰自己的醉态，不管周围的人有没有发觉他醉的人，显得更加可笑有趣。特别成功地描写舞台上的醉汉，常常力图保持他尊严，导演早就懂得了这种尝试的喜剧性。

因此，我的全部影片的基础就是：我常常陷入非常可笑的状态，同时又一本正经拼命要给人造成一种最平常的、矮小绅士的形象。因此，不管我陷入什么样可笑的状态，甚至假定我摔了一饺，而且跌得头破血流，这时我最关心的第一件事就是马上拾起手杖，戴上小礼帽，整好领结。……

c、我总是力求节省。我想借此说明，如果某一个动作可以引起两次笑声的话，那么这个动作就比产生同样效果的两个动作有价值得多。比如说，在《查利越狱》一片中，我是做到这一点的……我坐在阳台上和一个少女一同吃冰浜淋。楼下一层的阳台上坐着一位胖太太，她衣着华丽，自命不凡。当我吃冰浜淋时，刚好有一个掉在我的裤子上，它又顺着裤子一直流到这位太太的脖子上。第一次的笑声是由于我自己的笨手笨脚引起的；第二次的笑声更为强烈，这是冰淇淋掉在太太的脖子上，她站起来大嚷大叫的结果。……

d、我常常利用观众善于对比的爱好。

大家晓得，人们喜欢善与恶、贫与富、幸运儿和倒霉儿之间的斗争。他们喜欢在同一时间里既要哭又要笑。对比是观众的一种兴趣，因此我常常求助于它。比方说，假如我被一个警察追捕，那么他一定是显得笨手笨脚，而我则很灵巧地在他的两腿之间一钻就溜掉了……我从来没有忘记在某一个事件的滑稽性和我的手法的永不改变的严肃之间创造对比……

已我让意外的事情具有这种对比的意思。我并不是把影片情节基础放在意外的事件上，但是，我却用个别的行为尽量取得这种效果……比方说，假如我相信观众以为现在一定徒步而行，那么我突然一跃上车而去。如果我想吸引某一人的注意力，那么，我并不是去喊他的名字或者拍他的肩膀。而是把手杖伸到他的胳膊下面，客客气气地把他拉过来。我觉得特

别得意的是,我能想象得出在该种

情况下观众期望于我的是什么,而我却恰恰使他们失望。我的一部影片——《移民》——开始时我是站着,半个身子斜倚在船舷上,观众只看到我的背部和抽搐着的肩膀。这自然造成一种印象,以为我犯了晕船的毛病。要是观众的这个猜想竟然证实了,那么我就犯了一个绝大的错误。可是,他们被我弄得莫名其妙。我一直起身子,就拉起一条鱼来,观众这才明白,我并没有晕船,不过是在钓鱼玩罢了。这个经充分准备的意外事件使人捧腹不已。

f、笑得过分的危险总是存在的。观众一面看着某些影片的剧本,一面打心眼里哈哈大笑,最后笑得喘不过气来。让观众拼命地笑,这是许多演员的最大幻想。我倒是宁可让观众厅里充满笑声,这比无休止的欢笑好得多……我经常提防着,不要陷入夸张手法里去,或者不要拼命去挤一个细节。夸张最容易扼杀笑声。假定说,我如果把我的步法表演过火了,我如果把我的对手打得太凶,或者说我的举动有些过分,那么影片是不会因此得到什么好处的。

幽默 8 校园生活中的经典幽默范例

1. 在语文课上

a、浪漫与天真

语文老师正在解释诗人的浪漫与天真,发现有个学生伏在桌上呼呼睡着了,很生气地把他叫起来问:"你知道浪漫与天真有何区别吗?"

学生一定神,扭呢地说道:"二者其实是一样的,像我刚才的行为是浪漫,但是我希望不会被老师逮着,这是天真!"

b、扑朔迷离

老师:"请你解释一下'扑朔迷离'这个成语。"

某学生站起来,推了推架在鼻梁上的那副深度眼镜,仔细地望着黑板上这四个字,最后无奈地说:"老师,看不清楚。"

老师:"你说的对,请坐下。"

c、角

老师:"中文并不难学,你看这是山羊的'羊'羊不是长了两只角嘛!

懂了吗？"

学生："懂了。"

老师："这是'牛'字。"

学生："那为什么只长一只角呢？"

d、动机

台湾某小学的国文课中，教师讲了《孔融让梨》的故事，然后要学生写出孔融让梨的动机。

在交上来的答案中，主要可分为四类：1、梨烂了；2、当时孔融正好牙疼；3、这样好叫拿梨的人帮他做作业；4、为了要成名。

2. 在英语课上

a、到外面去说

英语课上，老师向一位学生提问：

"如果叫某人从外面进来，用英语怎么说？"

学生："卡姆黑阿（英语）！"

老师："如果让某人出去呢？"

学生："那就到外面去说。"

3. 在数学课上

a、三角形的特点

"三角形有哪些特点？"几何老师问一个学生。

"……"对方一无所知。

"那你说说看，三角形几个角？"

又是一阵沉默。忽然另一个学生喊道：

"这要看是什么样的三角形！"

4. 在社会学课上

我在密执安大学讲社会学，最后一次课刚一下课，有个一年级学生急冲冲地走了过来。"哦。教授，我是来告诉你，我们从您的课程中学到的东西太多了。"

我美滋滋地正在考虑怎么回答合适，她却继续说道："这不，就在上星期晚上，你教我的那些东西，可帮了我的忙，我在那次小小的消遣中赢了一局！"

5. 在化学课上

在给学生上实验课时，老师左手拿着一枚五马克的钱币，右手拿着装

着硫酸的试管,然后把钱币放大试管时。

老师问学生:"酸的强度能不能溶解这块钱币?"

大家思考着。过了一会儿,坐在后排的一个学生站起来回答:"不能!"

老师满意地说:"答得对,那么你说说,为什么不能?"

学生答道:"如果酸达到能溶解钱币的强度,那您就不会放人5马克,而是放入1芬尼了。"

6.在历史课上

a、何时生病的

历史教师对着一个久病缺席的学生说:

"你请假很久,功课一定缺了不少,你是从什么时候休息起的?"

学生:"我是在安禄山造反时生病的。"

b、死了

老师:"你能告诉我关于18世纪英国伟大作家的一些情况吗?"

学生:"可以,先生,他们都死了。"

c、拿破仑在上吊

历史老师正在讲拿破仑远征俄罗斯,看到一个学生偷偷地看小说,于是把学生叫起来问道:"请告诉我,拿破仑正在干什么?"

学生看小说:正看到书中的主人公要上吊,老师突然问他,他顺口答道:"拿破仑正在上吊。"

d、横渡

历史老师:"古代罗马人很注意锻炼身体,有的人每天在早饭前都要横渡大河3次。"

学生说:"老师,我觉得他必须横渡4次,因为他的衣服还在河对岸呀!"

7.在物理课上

a、热

物理教员问道:"热是怎么引起的?"一学生起立答道:"先伤了风,第二天,就要发热了。"

b、热胀冷缩

教师:"凡一切东西,都是热胀冷缩。"

学生:"怪不得我家阿花,热天伸了舌头,冷天缩在火炉边了。"

c、证据

教师："热胀冷缩,可有什么证据?"

学生："寒假4星期,暑假8星期,便是证据。"

8. 在作文课上

a、市长写作文

老师让学生以《假如我是市长》为题写一篇作文,所有的孩子马上动笔写了起来。只有一个学生例外。老师问他为什么不写。

"我在等我的秘书。"那孩子答道。

b、非笔墨能形容

老师上作文课以《足球赛》为题目,让学生作文,还不到3分钟,两个学生便交了卷。第一个只写了4个字:"雨天停赛。"另一个学生则写道:"踢得太精彩了,非笔墨所能形容。"

c、贝贝的作文

班主任李老师看完贝贝交来的作文后,对贝贝说:"看看你的作文,怎么老使人打瞌睡呢?"

小贝贝眨巴着眼睛说:"那是我一边打着哈欠,一边写的呀!"

9. 在地理课上

a、黄河的源头

地理课上,老师提问小张:"黄河从哪里发源?"

小张说:"上。"

"为什么?"

"书上说:'黄河之水天上来,奔流到海不复回'。"

b、太平洋地区

老师用手指指着地球上的太平洋地区间:"这是什么?"

没有人回答。

老师:"德特,你善于解答难题,你来回答吧。"

德特:"是食指,10个手指的一个。"

c、汉水的源头

地理课上,老师说:"上节课讲了长江的地理位置和它的几大支流,现在提问一下,长江的支流汉水发源在哪里?"好多同学举手要求回答。可有个同学却的把头低下,生怕被老师发现。原来他思想开小差,并没听到老师的发问。可老师偏偏点了他的名,他急得满头大汗。老师见他闷声不响,

又问:"你来说,汉水发源在哪里?""汗水?汗水发源在头上!"

幽默 9 日常生活中的经典幽默范例

1. 在商店

a、鱼店里的事

一天,有个人来到鱼店用餐,他拣起一条鱼,仔细地看了看,然后放到鼻子跟前闻了闻。

"喂,你那是干什么?"店主问道。

"我在和鱼谈话。"这人答道。

"和鱼谈话?"店主见这人有点奇怪,便打趣地说:"那么你对它说了什么?"

"我向鱼打听海上有什么新闻。"

"那鱼说了些什么?"

"它说它不知道海上最近的消息,因为它有好几个星期没在海里了。"

b、礼貌

商店里购货的人推推挤挤,每个人的脾气都犹如枪弹上膛,一触即发。有一位女士愤愤地对结账小姐说:"幸好我没打算在你们这儿找。礼貌,在这儿根本找不到。"

结账小姐沉默了一会儿,说:"你可不可以让我看看你的样品?"

c、哪一天都行

有个喜欢找麻烦的顾客进了洗染店,他对老板说:"请把这件衬衣染成世界上没有的那种颜色。"老板爽快地答应下来了。

"那什么时候才能取衣呢?"

老板笑了笑:"除了星期一、星期二、星期三、星期四、星期五、星期六、星期日哪一天都行。"

2. 在理发店

a、奇数的头发

爱发牢骚的老头布郎先生老是抱怨他的发式,愤愤地指责他的理发师。一次刚理完发,他说:

"我要我的头发从中间分开。"

"我不能这么做,先生。"理发师说。

"为什么?"布郎先生咆哮道。

"因为您的头发是奇数的,先生。"

b、宰了算了

一位理发员将一个顾客的脑袋按在水龙头上,两手狠劲地按着给他洗头。那顾客痛得难受,便悄悄地对理发员说:

"你看看外面有没有人?"

"有人怎么样?没有怎么样?"

"如果没人,我看你就用剃刀把我宰了算了!"

3. 在鞋店

a、试完新鞋

顾客在一家鞋店,试穿新鞋。

顾客:"左脚这只太小了。"

店员:"穿几天就松了。"

顾客:"可是右脚这只又太大了。"

店员:"没关系,淋一次雨就缩小了。"

b、寿命

一位售货员向顾客推销鞋子:"买双鞋吧,先生,它的寿命将和您一样长。"

顾客听了一笑:"我可不相信我会死得这么快。"

4. 在食堂

a、规定

一位政府官员在视察一所学校时,走进学生食堂的厨房。他环视一周后,转过身来对食堂管理员说:

"很好,一切看来都很好,只是这里的蚊子似乎多了一些。"

管理员听罢,皱起眉头想了一会儿,然后回答说:

"是的,先生,只是我不知道我们这里按规定允许有多少蚊子。"

b、表扬

"今天食堂伙食改善得真不错,应该给他们写封表扬信。"

"表扬炊事员还是管理员?"

"表扬来厂的检查团。"

c 熘肉片

某机关食堂。甲用筷子扒拉着碗里的熘肉片,皱着眉头说:"肉片呢?"乙笑嘻嘻地说:"溜了! 不然,怎么叫'溜'肉片呢!

5.在旅馆里

a、灯笼

两个抵达纽约的苏格兰移民在旅馆过夜。他们整个晚上被蚊子搅得十分恼火,其中一个说:

"仙蒂,用被子蒙住头,蚊子就咬不到我们了。"

过了一会儿,仙蒂伸出头来呼吸新鲜空气。这时她看见了以前从未见过的萤火虫,于是她叫道:

"上帝啊,蒙住头也没用,蚊子打着灯笼找我们呢。"

b、"百灵"

一个新来的旅客,在房间里按着电铃。

侍者:"先生,有什么吩咐? "

旅客:"没什么,我试验你们的电铃灵不灵。"

旅客又按电铃。

侍者:"先生,要什么? "

旅客:"不要什么,我试试你的耳朵灵不灵。"

旅客第三次按电铃。

侍者:"先生,有什么事? "

旅客:"没有事,我试验你的两条腿灵不灵。"

侍者:"先生,在你未付小费的时候,我是'百灵'。"

c、驼背的老鼠

外国著名滑稽演员侯波有一次在电视台表演说:

"我住的旅馆,房间又小又矮,连老鼠都是驼背的。"

几天后旅馆老板准备控告侯波诋毁旅馆的名誉。侯波只好赶紧在电视台声明:

"上次我曾说过,我住的旅馆房间里的老鼠是驼背的,这句话说错了。我现在郑重更正:那里的老鼠没有一只是驼背的。"

6. 在医院

a、成功的手术

手术师问助手："你说这次手术怎么样？我觉得是成功的。"

助手面色苍白喃喃道："你说这是一次手术吗？我认为它是一次解剖。"

b、医药费

王阿三生病，在医院里住了一个月。他惦记着那医药费，便问医生。医生笑笑说："且等你病好了再算。"

阿三苦笑道："那么，但愿我永远如此生病，这医药费便可以永远不付了。"

7. 在餐厅里

a、欠账

餐客："我身边没带钱，欠着罢？"

老板："那不要紧，我们把你的名字写在墙上，你下次来的时候再付好了。"

"请你不要这样做，别人看见了怪难为情的。"

"别人不会看见的，因为在你付账以前，你的外衣挂在上面。"

b、卫生

餐后，一位顾客把饭店老板叫过来。

"先生，祝贺您，您这儿的厨房很讲卫生啊！"

"多谢，先生……我尽力而为。但是，我请问，您不曾参观过我的厨房，怎么就夸这里很卫生呢？"

"嗅，很简单。我刚在这儿吃的一切都有肥皂味！"

c、鸡蛋

一次，一位法国人在英国旅行。他的英语讲得不错，可并不精通。因为，他的词汇量太小。

一天，他到一家旅馆里吃饭，想要些鸡蛋。但他忘了"鸡蛋"这个词。

忽然，透过窗户他看见院子里有只公鸡，他马上问侍者这种鸟英语叫什么。

侍者告诉他叫"公鸡"。

然后法国人问他公鸡的老婆叫什么。

侍者告诉他叫"母鸡"。

接着,法国人间母鸡的孩子们叫什么。

侍者告诉他叫"小鸡"。

法国人间小鸡没有孵出来以前叫什么。

侍者告诉他叫"鸡蛋"。

"好!"法国人说,"我要两个鸡蛋和一杯咖啡。"

8. 在书店

a、两本书

詹姆斯到书店买书,他对店员说:"我要买那本《如何在一夜间成为百万富翁》的书。"

店员很快从书架后面拿来两本书,并动手包扎。

詹姆斯说:"先生,我只要一本。"

店员:"我知道。但这另一本是《刑事法典》,我们总是把这两本书放在一起出售。"

b、鼓励

有一位青年来到新华书店买《庞中华钢笔字帖》。由售货员正同几个小学生怄气,所以给他拿书时,狠狠地往柜台上一摔。当时,青年很不满意,真想狠狠地刺她几句,但转念一想,他忍住了,没有对她发脾气。

然后,笑着对她说:"谢谢你对我的鼓励。"

她感到莫名其妙,不解地问道:"我鼓励你什么了?"

他说:"你刚才把书狠狠地往柜台上一摔,意思不是让我'狠狠'地练字吗?"

c、没读过

药剂师走进邻居一个书商的铺子里,从书架上拿下一本书来问道:

"这本书有趣吗?"

"不知道,没读过。"

"你怎么能卖你自己没读过的书呢?"

"难道你能把你药房里的药都尝一遍吗?"

95

幽默10 公共场所经典幽默范例

1. 交通事故

a 安全岛

一位刚学开车的小姐，把车开到了大街上，怎么也掌握不住车的方向，最后车子冲进街心为行人避车而设的"安全岛"，才熄火停住了。警察忙走过去说：

"小姐,对不起,你把车开进了安全岛。"

"啊,这就好了。"她说,"要不然真会出事呢！"

b、运气真好

一个骑自行车的人撞倒了一个行人。

"您的运气真好啊！"骑自行车的宽慰被撞的。

"你怎么不害燥！难道你没看到,我的腿被你撞伤了么！"

"不管怎么说,您的运气真的不错！今天我休息,我平时是开大卡车的。"

c、瞄准

一位刚学会骑自行车的姑娘,因有急事飞驶在郊外的大马路上。这时、她发现前面有个老人在路边漫步。她心里很慌乱,便从背后大声叫道:

"老大爷,站一下,请站住别动！"

老人随即站住,没有回头,只等姑娘过去。但不幸得很,姑娘三歪两歪一下子撞在老人身上,老人摔倒了。

老人爬起来说:"我说你让我站一下干什么,原来你是要瞄准呀！

2. 问路

a、医院

一位妇女站在车水马龙的马路中央喊道:"喂,警察先生,去医院怎么走？"

警察:"您在那儿再多站一会儿,就会有人送你去医院的。"

b、去警察署的路

"请问,去警察署的路怎么走？"一个行人停步问旁人。

"这很简单，你到对面肉店不付钱拿上几块牛排，10分钟以后你就到了。"

c、20米处向右拐

"请问，百货公司在哪儿？"一位过路人问亨利。

"过了前面那座桥，再向右走。"

"桥很长吗？"

"20米。"

过路人谢过亨利后，快步向桥走去。突然，他听到有人从后面追上来喊道："站住！我刚才想起来了，大桥长40米，如果你照我告诉你的那样走，走到20米处向右拐，你就会掉到河里的！"

3. 在车站

a、误点

马里列本火车站挤满了要回家的旅客。一列又一列的火车不是误点，就是被取消。终于，一位愤怒的旅客对车站职员说："我不明白英国铁路公司干嘛要印时间表！"

车站职员说："我也不知道。不过，要是当真不印时间表的话，你就无法说出火车究竟误点多久了，对吗？"

b、等一会儿

在某市长途汽车站售票窗口，只见一位军官大步奔来，把买票钱从窗口递进去，急切地说："同志，买张去XX的车票。"

里面的售票员正在聊天，不耐烦地说："喊什么，喊什么？等一会儿不行吗？"

军官心急火燎，却没把火发出来，脸沉了沉，心平气和地说："我等一会儿无所谓，汽车等我一会儿行吗？"这话入情入理。

售票员脸上不快神色一扫而光，歉意地说："对不起了。"马上售了一张票给他。当你碰上了"针尖"时，你若摇动橄榄枝比刺出去的"麦芒"会更犀利。

已碎嘎升本的火车

一个冬晨，郊区开来的火车到站时又晚了25分钟，有位常遇见这种情形的旅客问列车长，这次又是什么缘故。列车长说道：

"碰到下雪，火车总难免误点的。"

"可是今天并没有下雪啊。"旅客说。

"不错。"列车长说道:"可是,根据天气预报今天下雪。"

4. 在飞机上

多纳尔第一次坐飞机从柏林到伦敦。女服务员给他递上一块口香糖。

"小姐,这是干什么的?"他问道。

"防止耳膜在飞机上升时鼓胀用的。"女服务员说。

飞机到达伦敦机场后,多纳尔对女服务员说:"这真是个好办法,小姐。不过,还得麻烦你一下。"

"什么事?"

"请告诉我,怎样才能把口香糖从耳朵里取出来?"

5. 在火车上

a、看错了

在火车上,一个旅客的烟盒突然不见了。他硬说是坐在旁边的一个旅客偷走的。可是,过了一会儿,这个旅客从自己的包里找到了那只烟盒。于是,他很不好意思地向邻座的旅客道歉。

那位旅客冷静地回答说:"没有关系,刚才我把你当成一位绅士,而你把我当成了一个小偷。看来,我们俩都错了。"

b、箱子

火车上还有一个座位没人坐,可是,上面放着一只大提箱。一位使用长期车票的乘客对箱子对面的人问道:"先生,这箱子是你的吗?"

那人答道:"不,那是我朋友的。她刚刚出去买报纸。"

几分钟后,火车开动了。使用长期车票的乘客二话没说,便提起箱子往窗外扔去,然后在空座位上坐了下来。

坐在对面的人大叫起来:"你这是干什么?"

扔箱子的乘客微笑着答道:"懊,你的朋友没赶上火车,可不能再让她把箱子丢掉啊!"

c、无票乘车

开往日内瓦的快车上,列车员正在检票。一位先生手忙脚乱地寻找自己的车票,他翻遍所有的衣袋,终于找到了。他自言自语地说:"感谢上帝,总算找到了。"

"找不到也不要紧。"旁边一位绅士说,"我到日内瓦去过20次都没买

车票。"

他的话正巧被站在一旁的列车员听到了，于是列车到达日内瓦车站后，这位绅士被带到了拘留所，受到严厉的审问。

"说过，您曾 20 次无票乘车来到日内瓦。"

"是的，我说过。"

"那么，您如何向法官解释无票乘车是正当的呢？"

"很简单，我是开汽车来的！"

6. 在汽车上

a、脚

一个细雨绵绵的早晨，一位妇女带着一条狗上了公共汽车，那条狗的脚很脏。

那位妇女说："售票员，假如我为这条狗付车费，它能像其他乘客一样有座位吗？"

那售票员看了狗一眼说："当然可以。不过和其他乘客一样，它不能把脚放在座位上。"

b、14 岁

一个男孩乘公共汽车去伦敦西区。他拿出两个便士递给售票员。售票员说："要是你超过了 14 岁，就不能用两便士乘车了。"

男孩说："我知道，老兄。我才 13 岁呢。"

售票员问："是吗？那你什么时候满 14 岁呢？"

男孩回答："下车的时候。"

c、心理状态

乘客："对不起，我想体验无票乘车的心理状态。"

售票员："为什么？"

乘客："以便构思小说呀！"

售票员："那好，现在请你体验一下被罚款的心理状态！"

d、另一只手

玛丽和凯瑟琳挤进一辆公共汽车，好不容易才找到落脚之处，为了站得稳些，玛丽顺手就抓住凯瑟琳的手。

过了几站，玛丽回头一看，才看见抓的是一位男士的手，窘极解释道："对不起，我抓错了手。"

男士笑着说："没关系,要我的另一只手吗？"

7. 在宴会上

a、认错了

一个人很馋,每次吃席,就只知吃喝。一次,他又去吃席,他对 -- 位同席者说:"我以前见过你。"那人很吃一惊:"我们好像没见过面,我想,一定是你认错了。"等菜一上来,贪吃者低头大嚼,双著不停,那人恍然大悟:"我们是见过面,只因你只顾吃菜,从不抬头,所以,没见到尊容,千万莫怪。"

b、平息争论

有人想平息餐桌上的争论,便提了一个十分意外的问题:"诸位,刚 d 是一道什么菜？大概是鸡？""是的"一位客人回答。"一定是公鸡！"这人一本正经地说,"原来是鸡在作祟,难怪大家要斗起来。"说完他举起酒杯:"来点灭火剂吧,诸位！"一场餐桌上的征战顷刻间平息了。

C、吃肉

在财主家,父子四人。一天他们诗兴大发,商议饮酒赋诗,并以"父子四人坐四方"起句。

厨子捣鬼,端上一碗肥肉,二斤重一块,整整三块。父子四人面面相觑——看谁吃得着。老大动作快,举筷吟诗说:"父子四人坐四方,肉若好吃我先尝。"

说罢,一块肉进嘴,老二也不示弱,随即吟道:"父子四人坐四方,吃肉就得吃个双！"伸筷就夹上两块,老三一见,忙不迭吟道:"父子四人坐四方,我是老三喝剩汤！"

老财主见状,肺都气裂,心里直骂:"小子无情！"抿抿嘴,气哪娜地叫道:"父子四人坐四方,三个儿子黑心肠。无肉要碗有何用,不如砸了听个响。"

说罢,把碗扔了。

8. 在舞会上

a、怀孕

在一次舞会上,一个年轻的小伙子邀请一位漂亮女士跳舞,这女人傲慢地说:

"对不起,我不和孩子一起跳舞。"

小伙子机敏地回敬说:"请原谅,我不知道您已经怀孕了。"

b、慈善舞会

在一个慈善舞会上,萧伯纳邀请一位矜持傲慢的女士共舞。在华尔兹

舞曲声中,她问:

"萧伯纳先生,你怎么会想到邀请我跳舞呢?"

萧伯纳回答说:"这是个慈善舞会,对吗?"

9. 在电影院

a、带钱

三人约好一起去看电影,到了影院售票厅,甲瞧瞧这个,望望那个,说:"唉哟! 我忘记带钱了。"

乙摸摸口袋:"糟糕,我刚换了衣服,钱包没有掏出来。"

丙拿出两毛钱,在两位朋友面前一晃:

"我知道你们准会忘记带钱的,所以我没忘记带,刚够买一张。"

b、连贯

有一个人去看电影,看一会儿,睡一会儿。

别人问他:"这电影怎么样?"

"电影倒是不错,就是情节不连贯!"

c、章回电影

某电影放映员放映时常出岔子,一场电影要中断几次。有人给他提意见,他说:

"你懂什么,这叫章回电影。"

第五单元 现代社交礼仪

礼仪1 校园礼仪

1. 校园服饰礼仪

学生在校学习期间,不仅要刻苦学习专业知识和技能,还应注意基本素质的培养,而礼仪知识就是基本素质的一部分。

学生要树立自己的良好形象,在塑造心灵美的同时,还应讲究仪表美,做到仪容整洁,服饰大方。

男生应做到衣冠整洁,不留长发和不蓄胡子;衣着朴素大方,简洁明快,不穿奇装异服。

女生应保护好秀发,并选择合适的发型,而不宜烫发,以免显得老气。女生正值青春妙龄,肌肤丰润,本身就具有青春美。除参加歌舞晚会需要化妆外,平时没有必要涂脂抹粉、画眉毛。如果涂眼圈、抹口红,反而会给人矫揉造作的感觉。女生服饰以色彩鲜明、自然生动为佳,不要佩带过多的首饰,以免给人留下浮华、俗气的印象。

2. 上课礼仪

尊敬师长是中华民族的优良传统。古时候,学生初见老师要行跪拜礼,平时见面则行揖礼。尊敬老师,是天经地义的事,也是做人最起码的礼貌。不仅要尊敬现任老师,对过去的老师更应以礼相待。

学生进教师办公室应先敲门,经老师允许后方可进人。离开时,要向老师鞠躬道别。

学生尤其要讲究上课礼仪,应在打上课预备铃时或之前进人教室,端坐恭候老师的到来,做好听课准备。万一迟到了,在教室门口停下脚步,首先喊"报告"。如果教室门关着,应先轻轻敲门,经老师允许,方可进入教室。

老师讲课时,学生应聚精会神地听讲,不要心不在焉、打哈欠,更不要与同学说悄悄话。当老师提问时,准备回答问题的学生首先应该举手,在

老师点自己的名字时,方可站起来答题。回答问题时,月光正视老师,表情自然大方,说话声音要清晰。

学生对老师在教学中出现的差错,应当善意指出,但要注意方式。例如,一位老师在礼堂里作报告,其中有句话说:"竹竿都是圆的。"有位同学悄悄地写了张条子折好传上去,老师看后立即纠正自己的错处,补充说:"多数竹竿是圆的,但也有方竹和扁竹。"老师还当场表扬写条子的同学。

3. 同学礼仪

同学之间应该友好相处,讲究同学礼仪。

同学相遇时要互相问候,可以直呼同学姓名,但不能以"喂"代替称呼。应尊敬同学,不要给别人起绰号。与同学交谈时,态度应诚恳、谦虚,不可装腔作势,盛气凌人。

对待异性同学更要讲究礼貌,男生应彬彬有礼,女生应文雅大方,彼此相互尊重、互相帮助。

住在同一间寝室的同学,应当互相关照。起床、人寝、自修,用膳、熄灯等,都应自觉遵守学校规定及大家商定的时间。平时在寝室里不要旁若无人地高声谈话,以免影响同学的学习。夜间就寝后,上下床动作要轻,以免影响别人的休息。听收音机或录音机时尽可能使用耳机,或尽量把音量调轻。

住在同室的同学,朝夕相处,更应彼此尊重。不要随便移动别人的东西。借用室友的东西,用后要及时归还。平时注意整理好自己的床铺和物品,定期一起打扫寝室,共同保持寝室整洁。

4. 开学典礼时的礼仪

每个新学年开学之际,学校一般都要举行开学典礼。开学典礼是宣布新学年开始的仪式。在开学典礼上,通常要介绍学校基本情况,布置学校新学年的工作,动员全校师生员工为完成新学年的任务而奋斗。 为确保开学典礼顺利进行,有关部门要事先做好以下准备工作。

(一)及时发请柬

学校要在举行开学典礼前一周左右,将请柬送到或寄给当地领导机关和上级有关部门,邀请学校所在地领导人和上级有关部门负责人或代表参加。

(二)精心布置会场

学校要安排专人负责布置会场,把学校大礼堂或露天会场打扫干净。

要制好会标,会标可写"XX 大学 20XX 年新学年开学典礼"或只写"开学典礼"四个大字。会标挂在会场主席台前幕(也称"大幕")上边,两侧可配对联。主席台后幕正中挂国旗,国旗两边各插 5 面红旗,会场上还可插彩旗。此外,会场内外可张贴一些标语烘托典礼气氛。

在主席台上安排若干座位, 座位前面放置会议桌, 会议桌用桌布围好。主席台前可摆设鲜花,放置盆景。

(三)做好典礼其他准备工作

(1) 做好大会发言准备工作

开学典礼一般安排校长、教师代表、学生代表发言,并请上级领导同志和有关方面代表讲话,也可安排学生家长代表发言。领导讲话和代表发言,都要事先准备好发言稿或打好腹稿。典礼筹备组要安排好典礼程序和大会发言顺序,准备好音响设备、音乐唱片或录音带以及饮料等。

(2) 做好大会后勤服务工作

典礼筹备组要物色接待人员,安排好迎送来宾的车辆。接待人员中的礼仪小姐可身披礼仪缓带在会场门口接待来宾,为来宾引路、倒茶等。

一切与开学典礼有关的准备工作应按时就绪。届时,师生排队入场,分别在指定的位置落座。开学典礼通常由管教学的副校长或负责学生工作的校党委副书记主持,报告来宾名单后,宣布开学典礼开始。首先,全体起立,唱国歌。然后,校长讲话,接着,请上级领导同志和有关方面代表(包括教师代表、老生代表、新生代表等)讲话。最后,全体起立唱《国际歌》。主持人宣布开学典礼结束。

5. 毕业典礼时的礼仪

大学生、研究生以及学习班、培训班的学员,完成学习任务,经考试成绩合格时,学校及其院、系或其他办学单位,要为成绩合格的学生发毕业证书或结业证书,并举行毕业(或结业)典礼。

毕业典礼的筹备工作,按照各单位人力、物力、财力的条件确定其规格。要事先统一印好、填好毕业(结业)证书,盖上钢印。邀请参加毕业典礼的领导和来宾等事宜以及典礼会场的布置等,可参照开学典礼的做法。

举行毕业典礼时,除了请上级领导、校方负责人讲话外,安排师生代表发言后,还可邀请用人单位代表发言。

通过举行毕业典礼,教学单位认真总结工作成绩和经验,为毕业生发证书、奖品等,对毕业生表示祝贺并提出希望。成功的毕业典礼活动,有助于增进师生之间、同学之间的友谊。

6. 校庆典礼时的礼仪

校庆是学校成立日的纪念庆典,学校一般逢十年举行庆典活动。校庆活动内容丰富多彩,包括请领导人和著名校友题词,筹办图片、文字、实物展览,筹办教学、科研成果展览,编写校史、校友名册等,出校庆专刊,印制校庆纪念品,组织校庆文艺晚会等。

举办校庆典礼,有助于增强师生的凝聚力,扩大学校的影响,因此,要认真做好校庆典礼的各项工作。诸如提前发校庆消息或广告,事先邀请有关领导和兄弟院校代表参加。校庆典礼的会场布置与活动,可参照开学典礼的做法。但在校庆典礼发言人名单中,应增加兄弟院校代表和校友代表。校庆典礼的气氛要隆重、热烈。

礼仪 2 校园里的语言礼仪

1. 给老师提意见时的语言礼仪

对于年轻的老师,同学们首先应和他搞好人际关系,在关系亲密的前提下,同学们可以把意见变成希望,老师会领会的。中年教师一般较有经验了,他们属于承上启下的阶段,同学们提意见时,可以首先肯定老师的辛勤劳动,然后从学术讨论的角度与老师研讨教学问题,也可以以探讨的口吻与老师研究班内、校内的工作,坦诚地提出自己的看法,侧面地表达了自己的意见。而老年教师辛辛苦苦在教育战线上劳累了大半辈子,一般都认为自己很有经验,大家在给这样老师提意见时,先得特别尊重这些老教师。热情诚恳地表示向他请教,然后委婉地表达自己的意见。一般应有这样的语言:"您看我这样想有道理吗?"或"我不知道我这样想对不对。"老师会通过分析接受你的正确建议的。

老师除任课外,有的还担任班主任工作。同学们给任课老师提意见可依照上面的方法去做。而给班主任提意见则可以随便些。还有的班主任用

周记的方式与同学沟通思想,这更是同学们提意见的良好机会。师生心心相印,生活愉快,工作定会进步。

除以上各种方法外,班委会如果发现同学普遍对某科

某老师的教学、授课有意见,还可采用推荐代表式和问卷调查式或给老师写封信的方式。

班委会还可设计几个问题请同学们用 A、B、C 选择的方式表达意见。而在"建议"栏内,要求同学们客观地、和缓地写出自己的建议,因为这也表瑰提意见者的水平。

发动全班同学给老师写封信的活动也很好,信给人一种亲切感,同学们恳求老师帮助自己,老师也会领会其中的意见。

种种提意见的方法,只要是与人为善,诚心实意,提意见的目的会达到的。

2. 上课回答提问时的语言礼仪

在课堂上主动举手回答老师的提问, 这是训练在公共场合讲话能力的一种极好的自我训练形式。因为有老师的当场评判,便于了解练习的效果,所以每一个有志于练出口才的同学,切不可放过这样的机会。

课堂上应如何回答老师的提问呢?首先应听清老师问的是什么,准确地理解题意。有些问题非常简单,回答就要简明扼要。但课堂上经常出现一些问题是一言难尽的,这就需要分清题型,具体说,也就是分清题目间的是事情的经过,还是事物的性质特点或是你对某事物的观点、看法等,因为这些不同的题型将决定你回答的类型。各种不同的题型,往往有一些特定的常用词语,可供我们辨别题型时作为标志。例如,叙述型的提问,常用词语有:"怎样发生"、"怎样结束"、"经过如何"、"出现了什么情况"、"发生了什么变化"、"主人公是怎么做的"等;说明型的提问,常用词语有:"形状如何"、"构造怎样"、"有什么特点"、"原理暴什么"、"反映了什么规律"、"功能有几点"等;议论型的提问,常用词语有:"谈谈看法"、"说说体会"、"你的认识"、"感想如何"等。回答一言难尽的提问,不要急于举手,应想好了答案,组织好语言再要求圍答,回答时要安排好说话的顺序,头一句话最好接一下老师的提问,然后再进行具体回答,如果回答的内容较复杂可用"首先"、"其次"、"再者"等表明层次的用语,最后结束回答时,也可将答案要点总结一下,或者照应一下老师的提问,这样显得结尾圆合,眉目清

楚,尽量避免无意义的重复及"哼"、"啊"、"这个"、"那个"、"反正"之类的口头语。

其次,课堂回答老师时提问还应力求声音洪亮,照顾到整个课堂的各个角落,即使你坐的位置离讲台很近,答问时也应该大声些,以便使坐在教室最后排的同学也能听清楚。回答问题时语调也应注意把握好,如果是叙述事情的经过,语调应该自然亲切,如话家常;如果是说明事物性质、特点,语调应该沉稳、和缓,字字句句要使听众留下深刻印象;如果是阐述自己的观点,对某人某事发表议论,语调应该斩钉截铁,以显示出自己的主张是成熟的,不容置辩的。

再者就是在回答问题中出现了错误引起了同学们的笑声时,切莫惊慌失措,这时应集中注意力思考正确答案,然后不慌不忙地纠正回答中的错误。不过也有时自己的回答并没错,可是有的同学由于不理解或听错了,也会发出笑声,这时你更要不受干扰,继续按自己的思路回答问题。

3. 指出老师某些错处时的语言礼仪

对老师的错处是应该指出的。但怎样有礼貌地向老师指出某些错处,却涉及到一个学生的修养问题。请看下面几个例子:

例一:同学们正鸦雀无声地在抄笔记,突然,一个同学喊道:"老师,你写错字了!"这一喊,弄得老师很尴尬,教室里的宁静顿时被打破,同学们七嘴八舌,再也没有心思上课了。原来,是由于老师偶尔笔误,把"帮助"写成"帮帮"了。但就因为这一声喊叫,这堂课就一直乱到了下课。

例二:当老师课间巡视时,一位同学举手,请老师看他的演算,并商议地说:"老师,您好像算错了。"老师仔细地研究了他的演算,当即在黑板上纠正了自己的错处,还高兴地表扬了这位同学讲礼貌和积极钻研学问的行为。大家也受了启发。

例三:一位同学找老师谈心,从谈心中,老师才知道在班会上对他批评错了,冤枉了他。事后,老师在班上作了自我检查,并向这位同学道了歉。

例四:和老师一起散步的同学向老师提醒道:"老师,您把烟头扔在地上了。"这位同学踩灭了烟头,又捡起来扔进废物箱。老师感动地说:"我今后一定注意。"

4. 把握赠言的最好时机

赠言是人际交往中很有魅力的"鲜花"。既然赠花要看时辰、气候、氛

围,那么赠言也犹如赠花,需要把握时机。

就一般情形而言,赠言有以下一些较为适宜的"时机":

(1)情绪升降时。月有阴晴圆缺,人也有情绪的潮汐。情绪的升降,主要表现为:"醉",飘飘然也,为某件得意事有些忘乎所以;"热",冲动也,为某件事激怒;"冷",灰灰然也,为某种境遇闷闷不乐。当别人处于某种情绪波动时,送去你的一片真诚与劝诫,是颇为得体的。如,有一位中学生是计算机爱好者,参加市里组织的竞赛,得了好名次,回到学校兴奋不已,还自认为是名副其实的计算机头脑,拿了奖金请客畅饮。他的同桌看到他这副"得意忘形"的模样,碍于当面指出扫兴,于是就在课间递给他一张纸条,上面写道:"值得你庆贺的是你过去的韧劲,而不是已经取得的成果。有时间。摆酒庆功还不如钻进电脑房。恕我直言。"这位得奖者看后,初是一震,后来恍然醒悟,直到他考上大学计算机系时,他还忘不了这一次难得的赠言。

(2)事业成败时。事业在推进过程中,成功与失败是结伴而行的。但是人对成与败的承受力是不同的,即使是很坚强的人,在事业毁于一旦时,他也很希望得到理解、同情。同样,成功者有时需要旁人的指点不逊于对失败者的鼓励。如:颇有名气的一位棋手,在一次很重要的大赛之际,突然身体不适,不能参加比赛,精心准备半年的工夫和时间白费了,心中自是十分懊丧。同伴非常了解他的心情,到医院探望时,在一束鲜花上插了一张卡片,上面写着:"与其在懊丧中苦尝涩果,不如在休养中养精蓄锐。棋,有得下,只有走出低落的困境,未来才会更宽广更辉煌。"棋手闻着鲜花的芳香,咀嚼着卡片中的言语,眼睛湿润了,因为在事业的关口,同伴的话给了他力量。

(3)恋爱眷念时。一位小伙子在叩开姑娘心扉时,很善于用赠言去"推波助澜"。相识一月,就向她寄去自制的卡片:"上帝安排我们相识不会无缘的,正应了有缘千里来相会,但愿有缘再有我和你的'份',这样缘分就是最佳的组合。"在纪念相识二年时,他随一份别致的礼物捎上了赠言:"你中有我,我中有你,你的生命就是我的生命,在我的感情血管里,永远流动着你的血。正像你好好爱我一样,我会永远疼你。"将订终身的夙愿和盘托出,便热恋中的赠言,具有明确的走向。

(4)毕业分手时。毕业分手之际,会涌起依依惜别的友谊波澜。应该

使此刻的赠言洋溢着青春的欢乐与求索,荡漾友谊的波澜与依恋,抒发追求的情感与斗志,揭示生活的真谛与哲理。如,大学毕业时,一位男同学给班级中常唱对台戏的女主角写下了这么一句话:"有戏时,觉得太多、太累、太苛求,而现在无戏了,又觉得太……不知,戏能否再演下去,不过我愿当 搭档。"这种将内涵隐去的毕业赠言出现在分手之际,最耐人寻味,说不定它还能涌起更大波澜哪。

(5)生日祝福时。选择在生日祝福之际赠言,是进行心灵世界颂认的最好机会,是抒发情感,表达心愿的"自由港"。一则很好的赠言,同蛋糕、时装鞋、领带、风铃不能同日而语,会让人受益终身。有一位自认为对生日看得很淡的姑娘,却赶在最要好的小姐妹生日之前,写了一封信给电台"点播台",要求播放对方喜爱的歌曲《我是你的心》,还通过电台捎去一番祝福语:"但愿你的诞生给人间增添风采,但愿你的成功给世间带来福音。我永远会在你最需要时出现。"挚友温情绵绵,令人心动。这类赠言递送的时间最好是在别人生日来到的那天或提前。

(6)辞旧迎新之际。人们对岁月悄然流逝充满了惆怅或欢欣,对新年的到来表示了内心的祝愿,而各种贺卡赠言便是一份厚礼。如,儿子给远在大庆油田的父亲寄去一份贺卡:"爸爸,每年您都是在油田的井口迎来新年曙光的,今年的曙光来得这么早,因为在您的心里早已是春光融融了——您的发明使油田产量倍增,我们已从广播中听到了。但愿这份贺卡在新年的晨暖中捎去我的第一声衷心的祝福。"父子深情,俱在一纸赠言中!

5. 选择赠言的原则

(1)从被赠者的企求中去找妥贴的激励话语。如对方是一位孜孜以求的知识探索者,考入大学是他的夙愿,你不妨赠言:"你的痴情和拼劲令葛朗台老头儿感动,他会启开大学之门的。"对方欲在文学上有所成就,你可赠言:"愿你从弯弯的小路走上坦途。"或"有志者事竟成"等。

(2)从被赠者的人品中去找适度的赞美词语。高尚的人品可以成为赠言中一束芬芳的鲜花。你可以以赞许的笔调,给对方作出扼要的评价。让对方感到欣慰,又表示了自己的敬慕。如可以写:"你让我懂得:接近上帝不如接近同学。"让人一看就知道这个人人缘很好。也可以写:"你具有最为圣洁的东西,诚实,又有恒心,两者结合,前途无量。"

(3)从被赠者外部特征中找合适的赠言。人最容易记住的是特征、个

性。以某人的独有的特征、个性为素材,通过有意的渲染,形成一种氛围,不失为赠言的一种特色。如对方高大、壮实,你可写道:"你身体伟岸,如你的宰相肚皮让人自由穿行,就使人更觉得高大了。"

(4)从被赠者的缺点中去找劝诫的赠言。在赠言中,直爽地指出对方的不足,是十分有益的,当然这类劝诫要艺术些。"玩物丧志,少玩牌多干事";"玫瑰有刺手勿碰";"唯自助者天助之";"怯懦是成功的大敌";"莫等闲,白了少年头,空悲切",等等。这些赠言都有所指,能给对方留下深刻印象。

礼仪 3 公共场所乘车礼仪

1. 乘车礼仪

(1)在列车上

不要带十分笨重的行李,最好是可以拉动的箱子之类的。

坐在车上时不要把鞋脱了搁在对面的座位上,这样很不雅观,尤其是你脚上的袜子充满臭味时,就算你再漂亮,恐怕别人也会对你厌烦了。

此外,较大的行李一定要放在行李架上,不要把别人的位置占了。

如你吸烟,请到车厢两头的吸烟区去吸,并把烟头放在烟灰盒内。

在车厢内不要大声聊天,应该自觉地保持车厢内的安静。要注意清洁,应把废弃物放在托盘内或者放入垃圾箱。

如果你有在厕所里看书、看报的习惯,在列车的厕所里可千万别这样做,因为列车上厕所十分紧张,你这样做十分自私,会让别人十分反感的。

(2)在乍接汽车上

你上车时,最好向售票员说一声"你好",在下车时说声"谢谢",这是礼貌。

当你上车后,看见后面还有人在奋力赶车时,你应该告诉司机,并让他尽可能多等一会儿。

你要学会沉默,这一点在列车、地铁、汽车、飞机上都适用。当你站着时一定要站稳,以免碰着或踩着别人,不小心碰了别人一定要主动道歉。

如果下雨时乘车,上车前应把雨伞折拢,雨衣脱下叠好,不要把别人

的衣服弄湿。记住任何时候不要穿油污衣服，不带很脏的东西，以免弄脏别人。车上拥挤时，车上遇到熟人点头示意即可，不要挤过去交谈，更不要远距离大声交谈，这样做让人觉得很不文明。

下车的时候，应提前向车门移动，要对别人说"请原谅"、"I am sorry"或"对不起"、"Excuse me"。

下车时要按次序下，注意扶老携幼。

万一遇到车子熄火要帮助推车的时候，如果你有能力，你要主动下车去推，即使你由于某种原因不能推车，也应该下车。

（3）在式也拈大上

一般来说，从进人地铁车站到买票、到进站，都是有规范的指示和次序，一般不容易发生冲突和不礼貌的现象。所以，每一个坐地铁的人只要遵守秩序，就可以了，并不需要你有很高的礼仪标准。但是，即便是这样，我们也应该注意，上车时不要争先恐后，在车厅里，应该主动给老人和妇女让座。此后，还要注意车门边的安全，以免发生什么意外。

（4）在出术信阅冗时竹礼仪

看书读报，是一种非常有益于你的精神享受。图书馆就是我们看书学习的最好去处。到图书馆看书，一定要保持安静和整洁。进门入座时动作要轻，以免影响他人。碰到熟人可点头致意，如要交谈，应离开阅览室找一个不影响他人的地方，不可在室内谈笑。为他人抢占座位也是不文明的表现。不要在座位上躺卧或吃东西，也不要在阅览室内吸烟。

图书馆的书刊资料属于公共财产，阅览时要注意爱护。在图书上随意圈点、涂抹、折角，或是把自己需要的资料图片撕挖下来，都是十分不道德的行为。你应该与工作人员联系，把需要的东西复印下来即可！

（5）本魂铬览讨的礼仪

到公园或其他观光景点参观游览，可以解除学习工作上的疲劳，呼吸新鲜空气，亲近大自然。也是人们接受教育、陶冶情操的极好方式。但是，下面这些，可是你必须注意的。

（1）首先必须注意爱护公物，保护环境。绝不可在上面乱刻乱画，或在树木上削皮刻字。随意损坏文物古迹和建筑景物的行为，不仅不道德、不文明，也为法理所不容。

（2）在旅游观光区参观游览，不应大声喧哗、嬉笑打闹，这样会破坏

景点静谧的气氛。随地大小便或乱扔果皮杂物,都是不文明的行为。在旅游旺季,参观游览的人很多,大家应注意礼让,不能争路先行或争抢拍照。不要进入"请勿入内"的草地或鲜花丛中拍照,也不要到危险或

不宜攀登的地方照相。合影时如需别人帮忙,应礼貌客气地提出请求并表示谢意。

公园和其他一些旅游景点所设置的长椅长凳,是供游人作短暂休息用的,不可只顾自己,一个人长时间占用。许多公园的儿童游艺场,是专为儿童设计的,要注意爱护,成年人不可自己去玩,以防造成损坏。

2. 在影剧院游艺厅的礼仪

(1)去影剧院观赏节目,应提前几分钟入场,以便能在节目开始前从容地找到自己的座位。如果有事迟到了,最好在幕间休息时入场。如果是看电影,应跟随服务员悄然入场,并尽可能地放轻脚步,有礼貌地让别人给自己让道。

(2)入座以后,戴帽的应脱帽,也不要左右晃动,以免影响他人的视线。同时,也不要把身旁的两个扶手都占用了,因为你身边的人也有权使用它。

(3)影剧演出中要保持安静,不要大声谈笑或窃窃私语,更不要随便插话,发表评论,这会引起周围观众的反感。与恋人一起观看影剧时,不要有过分亲昵的举动。

(4)影剧院属于公共场所,观众在这里观看演出,应遵守剧场的有关规定,自觉地维护场内秩序。在影剧院观看演出时,不要抽烟,不随地吐痰,不乱扔果皮杂物。吃东西时,要尽量不发出响声。欣赏影剧或其他演出是一种精神享受,而良好的秩序和洁净的环境不仅能够反映观众的文明程度,也是演出获得成功、观众获得精神满足的基本条件之一。

(5)观看演出时,若有急事需要中途退场,应轻声离座,并尽可能地利用幕间退出。否则既影响别人观赏,也是对演员的不尊重。演出快结束时,不能为抢先出场而离座,应在演出结束后依次退场。

(6)在观看演出的过程中,为表示对演员劳动的尊重,应以鼓掌的方式向演员致谢,但应注意礼仪,把握好分寸。当演出到精彩之处时,可以通过鼓掌、喝彩等形式向演员表示敬意。用吹口哨、怪叫、跺脚等方式宣泄情感,既会影响演出,也显得没有教养。若演出中出现一些故障或特殊情况,应

采取谅解的态度,喧闹、怪叫、喝倒彩等行为郡是不应该,也是不礼貌的行为。

(7)给演员献花,应选择适当的机会和时间,一般在演出结束或演员谢幕时为好。请自己喜爱的演员签名,也要分场合和情况,缠住演员不放,是很失礼的行为。

(8)演出结束后,观众应起立向演员热烈鼓掌,对他们的劳动和精彩演出表示感谢。

(9)进人音乐茶座、卡拉 OK 厅这类场所时,要注意仪表和举止,语言和行为要文明得体。喝饮料、吃点心时,应注意坐姿和吃相。由于是公共场所,与恋人在一起时,也不要有过分亲昵的举动。

(10)前往歌厅等娱乐场所的人,主要是为了自娱自乐。由于人们的文化层次、年龄、性别、爱好方面的不同,表演的节目不可能使在座的所有人都满意,这就要求人们多一些宽容和理解。若别人点的节目不合自己的口味,也应耐心地听下去。听到满意的节目,也不要高声附喝或狂呼乱叫

3. 观看展览、体育比赛时的礼仪

(1)博物馆、展览馆举办的各种展览,在内容安排上都有先后顺序,参观者不要逆行乱穿,这会影响他人的参观。参观时要跟随解说员,认真仔细地听取解说,以增加对参观内容的理解。若对某一个问题感兴趣,想进一步深入了解,应等解说员送走本批参观人员之后,再单独找解说员询问。提问要有礼貌,听完解答后要表示感谢。展览场馆的展品一般不许触摸,有的地方还不准拍照和录像,参观者应自觉遵守有关规定。如有特殊需要,必须征得展出单位的同意。

(2)参观展览时,要注意保持肃静,不要在馆内大声谈话或追逐打闹。对一些内容严肃的展览,参观时应仪容庄重。此外,展览场馆是公共场所,参观者应注意保持环境卫生。

(3)观看体育比赛,已成为人们业余文化生活中的重要内容。一般来说,由于体育场馆面积大、容纳的观众人数多,所以应提前人场就座,不要在比赛开始后才寻找座位,从而影响他人观看比赛。

(4)观看比赛时,为运动员加油助威的标语口号内容要健康文明。对运动员在比赛中的一些失误,不应喝倒彩或发生"嘘"声。在观看比赛时,为本方的运动员加油助威乃人之常情,但对另一方运动员的精彩表演也应掌声鼓励。对对方运动员和拉拉队使用不文明的语言和手势,甚至向

运动员投掷物品或呼喊起哄,都是缺乏教养的表现。

(5)在有些比赛场所,如观看棋牌比赛,则应注意保持安静,不能随意喧闹。否则,既影响比赛,也是对运动员的不尊重。

礼仪 4　求职礼仪

1. 形象求职礼仪

求职者的形象给面试官的印象好坏,常常关系到求职的成败。因此,求职者在面试前应进行自我形象设计, 以便在面试时更好地显示出自己的风度和神采。

a、男性求职者的形象设计

男士首先要精心梳理好头发。注意不宜留长发,不能剃成阴阳头,也不要弄得满头卷发,乱作一团。

其次,要认真修好边幅,如修剪鼻毛和胡须,使人显得面部光洁、神采突变。

另外,一定要做到衣着整洁。若穿西装,最好系领带。注意把衬衫下摆扎进裤中;不要穿袖口或裤脚折边已磨损或开线的衣服;皮鞋要擦亮,鞋带要系紧。

b、女性求职者的形象设计

一般说来,端庄、干练的女性求职者受到用人单位的普遍欢迎。因此,女士面试前宜化淡妆,修剪指甲和鼻毛,把头发盘起或梳扎好。不要抹浓妆,以免弄巧成拙。

女士着装要得体大方,千万别穿超短裙,也不要穿极薄的透明或紧绷在身的衣服,可穿西装套裙。西装应稍短,以充分体现女性腰部、臀部的曲线美。如果配裤子,上装以稍长为宜。求职面试时,女士应避免佩戴过多的珠宝饰物。

求职时的思想准备

面谈和面试时,面试官将会向求职者提一大堆问题或一连串问题。求职者对面试官可能提出的问题应事先有所准备,以便到时胸有成竹,对答如流。下面是美国恩迪科特博士经过大量调查后总结的美国招聘者招聘

大学毕业生时常间的 49 个问题。其中不少问题值得中国求职者思考。

(1)你的长期和短期目标是什么？你在什么时间、为什么树立起这些目标？你准备怎样实现它们？

(2)除了与职业相关的目标外,你有什么其他方面的目标吗？你是否需要有在下一个 10 年或更长的时间内为之奋斗的目标？

(3) 你预料从现在开始 5 年内你将做些什么事情？

(4)在你的一生当中,你想做的最重要的事情是什么？

(5)你的长期的职业方面的目标是什么？

(6)你计划怎样实现你的职业目标？

(7)在职业方面,你希望得到的最重要的奖励是什么？

(8)你希望 5 年后的收入达到多少？

(9)你为什么要选择你准备从事的职业？

(10) 工作类型和收入中的哪一个对你来说比较重要？

(11)你认为你的强项和弱点是什么？

(12)你能形容一下你自己吗？

(13)你认为最了解你的朋友和教师会如何描述你？

(14)什么事情或东西将激发出你最大的热情？

(15)为了你以后的职业生涯,在大学期间你都做了哪些准备工作？

(16) 我们为什么要雇佣你呢？

(17)你认为你哪方面的资历将有助于你以后取得职业方面的成功？

(18) 你是怎样判断或评估成功的？

(19)你认为怎样才能在像我们这样一家公司取得职业上的成功

(20)你认为你将以何种方式为我们公司做贡献？

(21)一个成功的管理者应具备什么样的资历？

(22)请形容一下监督者和向其汇报工作的人员之间的关系。

(23)最令你感到满足的成就(你已经实现的)是什么？请举出两三个例子并说明为什么。

(24)请讲一讲最有益的大学经历。

(25)如果你想雇佣一个向你申请想得到职业的毕业生,你认为该毕业生应具备什么样的资历？

(26)你为什么选择了你所毕业的大学？

(27)什么原因使你选择了你正从事的专业领域?

(28)在大学里你最喜欢的科目是什么,为什么喜欢它?

(29)你不喜欢的科目是什么? 为什么不喜欢?

(30)如果可能的话,你将如何改变自己的学业? 为什么?

(31)你希望学校有什么样的变化? 为什么?

(32)你是否计划继续你的学业或者说得到一个更高级的学位?

(33)你认为好的分数意味着较好的学术水平吗? 为什么?

(34)从课外活动中你都学到了什么?

(35)你最适应什么样的工作环境?

(36)在压力下你是如何工作的?

(37)你最感兴趣的临时工作或假期工作是什么? 为什么?

(38)为什么你决定申请我们公司的这个职位?

(39)关于我们公司,你都知道些什么情况?

(40)对你来说,工作中最重要的两三件事情是什么?

(41)你对公司的规模有什么要求吗? 为什么?

(42)你用什么标准来评价你为之效力的公司?

(43)你对工作地区有什么偏爱吗? 为什么?

(44)你愿意迁居吗? 迁居对你有什么样的影响?

(45)你愿意出差吗?

(46)你愿意再花至少 6 个月的时间接受培训吗?

(47)对我们公司所在的社区你有何评价?

(48)你曾遇到的主要问题是什么? 你是如何解决的?

(49)你从你的错误中学到了什么?

2. 面试礼仪

求职者在面试过程中表现出的礼仪水平,不仅反映出求职者的人品和修养,而且直接影响面试官的最终决定。因此,求职者参加面试时,务必注意以下六点:

(1)准时赴约

遵约守时是最基本的礼仪。应邀赴约时,一定要按通知的时间到达面谈地点,或不妨提前一刻钟到达面谈场所附近,熟悉情况,进一步做好面试前的思想、心理准备。再想一想,怎样简要介绍自己的基本情况,如何巧

妙回答招聘者可能提出的诸如"你为何对这份工作感兴趣？"、"你的奋斗目标是什么？"等问题。然后独自不慌不忙地进入面谈场所。切莫让他人陪你入场。入场时不要吸烟，更不要大大咧咧地嚼口香糖。

（2）尊重接待人员

到达用人单位后，应主动向接待人员问好。若需要填写表格，字迹力求工整、清楚。等候时注意坐姿。轮到你面谈时，先敲门（或按门铃，门虚掩着，也应先敲门，切勿直推而入），得到允许后方可进去。进门后要有礼貌地问候主谈（考）人，随手轻轻关好门。待主谈人请你就座时，先道谢，然后再按指定位置落座。尽可能保持坐姿的优美，表情宜亲切、自然，不可趾高气扬。

（3）彬彬有礼

进门后，如果主谈人向你伸出手来，你要同他（她）热情握手。若对方向你敬茶，应用双手接过，并致谢，不要推辞不喝。若对方只是客气地问："要茶吗？"你则可客气地回答："不用，谢谢。"

（4）讲究谈话礼仪

寒暄完毕，通常让招聘者先开口，你的答话应吐字清楚，把握重点，准确客观，态度要热情、坦诚。答话时，眼睛看着主谈人及其助手，应自信、冷静、沉着，不要浮躁、紧张、胆怯。在面谈过程中，你应仔细倾听对方的提问，对答如流，但不要夸夸其谈，炫耀自己。更不要喧宾夺主，切忌打断主谈人的谈话，在主谈人谈话时插话是不礼貌的行为。如果面谈时有两个人同时向你提问，你可以微笑对其中一个说："请让我先回答那个问题好吗？"这样处理问题从一个侧面表现你的修养和处理能力。当然，你也可以酌情穿插一些提问，如询问未来的工作情况等，以活跃交谈气氛。

（5）适时告辞

当主谈人说："感谢你来面谈"等诸如此类的话时，意味着面试完毕。你应从容不迫地站起来，面带微笑地表示谢意，与主谈人等握手道别，然后走出房间并轻轻带上门。出场时，别忘了向接待过你的接待人员道谢、告辞。

（6）致信道谢

面试之后，求职者可以给主谈人写封短信，感谢他（她）花时间同你亲切交谈。可在信中顺便再次表达乐意进入该单位工作的愿望。

3. 讨价的技巧与礼仪

118

找工作,既是为了寻找一个用武之地,以大显身手,也是为了获得一份薪水,以满足生活的需要。求职者应该为自己争取好的待遇,但须掌握好以下三个环节。

(1)摸清情况

求职者和招聘者面谈前,可事先了解行业的一般待遇及前任工资收入。例如你欲在旅游局下属的一个饭店谋取大堂经理职,应想方设法打听到该饭店前任大堂经理和其他同级别饭店大堂经理的月薪数目。心中有了底,谈判时开价会比较恰当。当然,谈薪水也要考虑自身的条件。

2、选择时机

求职者不宜在刚与雇主见面就谈待遇问题,而应掌握"火候"。最好等到雇主表示出合作意向时,再谈论薪水问题。

(2)留有余地

当雇主有意聘你时,他(她)可能会突然提问:"你希望的月薪是多少?"此时,你不要惊慌,你可以根据你掌握的有关情况,说出自己能接受的最低待遇和希望获得的最高月薪。倘若前任月薪是 1800 元,你指望月薪 2000 元,可说"800 元至 2200 元左右如何?"如果雇主说:"最高 1000元。"你可以说:"你希望我到贵单位服务,我十分乐意。可这个数目似乎稍微少了一点,2000 元就合理一些了。"此时,还可以讲以前月薪多少,为先前服务的单位作出了若干贡献等。但不要把话说死,既不要说:"韩信点兵,多多益善。"也不要说:"少了 2000 元我不干。"而要给对方和自己留下回旋的余地。商谈薪水要坚定而灵活,如果达到或接近期望的目标就可以了。上岗后干得出色,单位自然会给你加薪。

求职成功令人愉快,但万一受挫也不要气馁,还可以寻找其他的机会。何况对职业的第一次选择,也不一定就是最佳选择。以后还可以根据自身条件的变化和社会环境的变迁,再次选择职业。

附招工实例一则:

一位先生登报招聘一名办公室勤杂工,约有 50 多人前来应聘。这位先生从中挑选了一位青年。他的一位朋友问:"你为何喜欢那个青年,他既没有带一封介绍信,也没有任何人推荐。"

"你错了,"这位先生说:"他带来了许多介绍信。他在门口蹭掉了鞋底上的土,进门后随手关上了门,说明他做事小心仔细。当他看到那位残疾

老人时,就立即起身让座,表明他心地善良、体贴别人。进了办公室,他先脱去帽子,回答我提问时干脆果断,证明他既懂礼貌又有教养。其他所有人都从我故意放在地板上的那本书上迈过去,而他却俯身捡起它,并把它放到桌子上。他衣着整洁,头发梳得整整齐齐,指甲修得干干净净。难道你不认为这些就是最好的介绍信吗?"

礼仪 5 社交礼仪

1. 握手的礼仪

在社交场合中,握手作为一种礼节,一般说来,应根据握手人的社会地位、年龄、性别和身份来确定握手的顺序。上下级握手,下级要等上级先伸出手;长幼握手,年轻者要等年长者先伸出手;男女握手,男士等女士伸出手后,方可伸手握之;宾主握手,主人应向客人先伸出手,而不论对方是男是女。总而言之,社会地位高者、年长者、女士、主人享有握手的主动权。朋友、平辈见面,先伸出手者则表现出更有礼貌。

握手时,戴手套的男士握手前应脱下手套,放好或拿在左手上,再和人握手。

多人同时握手时,注意不要交叉握手,不可左手右手同时与两个人相握,也不宜隔着中间的人握手。不妨等别人握完再伸手。在来者较多的聚会场所,可只与主人和熟人握握手,向其他人点头致意就行了。

除特殊情况外,通常应站着握手,而不要坐着握手;握手宜用右手。其次,握手力度的大小和握手时间的长短,往往表明对对方的热情程度。一般情况下,握手用力要适当,时间2秒钟左右即可。久别重逢的朋友握手,时间可长一点,力度可大一点,还可上下摇动,但也不必太使劲,以免把友人的手握疼。过分热情,效果会适得其反。

男女握手时,女士只需要轻轻地伸出手掌;男士稍稍握一下女士的手指部分即可,不能握得太紧,更不要握得太久疆时,应友善地看着对方,微笑致意。切不可东张西望,漫不经心。

在社交活动中,熟悉和遵守握手的规矩,与人打交道时方能够做到应付自如,彬彬有礼,以便建立和保持和谐、融洽的人际关系。

2. 介绍时的礼仪

（1）自我介绍

客人到来，双方见面时应说："我是 XXX，欢迎您。这是我的名片，请多多指教。"

递名片的规矩为：一般来说，应先由地位低的交给地位高的，年轻的交给年老的，男士先交给女士。交给对方自己的名片时，应该把文字方向向着对方，使对方便于读看。双手呈上，同时清楚地说出自己的姓名

接名片的礼节为：用双手接到对方名片后，应当马上细看，遇到难读的字可以请教对方，非但不失礼，相反是尊重对方的表示。起码要在正确记住对方的名字后才能将名片收起来，最好收在名片夹中。

（2）在社交场合自我介绍的礼节应注意：

在社交场合中，如果你想认识某一个人，最好预先获得一些有关他的资料，如个人兴趣、性格、特长等，有了这些资料，在自我介绍后便容易交谈，便关系进一步融洽。

表示自己渴望认识对方的心情，但不要卑躬屈膝，应热诚、自信。

在作自我介绍时，应清楚地报出自己的姓名及身份，并善于用体态语言如眼神、手势、脸部表情等表示自己的友善。

在获得对方的姓名之后，不妨口头加以重复一次。重复他的姓名，一方面使对方有自豪感和满足感，另一方面可以帮助自己记住对方姓名。

（3）注意介绍时机：

首先了解对方是否有结识的愿望，不要贸然行事。特殊情况是，在宴会上可以逐一介绍客人的情况。

如果带你的朋友、同事参加宴会或拜访某人或去某公司，而在场的人都不认识他时，要很自然地尽量让他结识更多的人。如有几个人在交谈，看这几个是否形成了"封闭圈"，如果没有，可以介绍你的朋友；如形成了"封闭圈"，则不宜打扰。介绍你的朋友或同事时，也;F 应该带着他满屋子转，到处主动介绍，而打断别人的谈话。

不要把刚进来的客人介绍给正准备离去的客人。

（4）注意介绍的原则：

一般来说，先把男士介绍给女士，把年轻人介绍给年长者，把身份、地

位低的人介绍给身份、地位高的人,把未婚者介绍给已婚者;如果不易比较,则随便先介绍哪个都行。

如果一方是位地位高的年轻女士,一方是位地位低的年老男士,按我国传统,是先把男士介绍给女士。

（5）介绍禁忌:

主人应把主宾介绍给其他客人,否则不礼貌。介绍时绝不使用命令口气,如"小王,来见见张小姐!"这种语调不好,有强加于人的意味。

3. 接打电话的礼仪

（1）接电话

电话铃响,应立刻放下手中的工作去接电话,一般应在电话铃响三遍之前拿起话筒。拿起话筒后的第一件事是自报家门:"喂,您好。我是XXX,请问您找谁?"

仔细玲听对方的讲话,并不时用"哦,对"等话语给予对方积极的反馈。

一般应左手拿话筒,右手作记录,用事先准备好的纸笔,即刻将对方提供的信息、指示记录下来,特别是记录下时间、地点、数量等,并向对方重复一遍。

如果对方向你们发出邀请或会议通知,应记录下来,并致谢。

如果自己手上工作正忙,不可能和对方长谈,则可委婉地告诉对方改天再打,或以后打电话给对方。

如果你不是受话人,请对方稍等后,应把话筒轻轻放下,走到受话人身边通知对方。不能话筒尚未放下,就大喊"XX,你的电话!"这很不礼貌。万一找到的人正忙着或在厕所,应说:"对不起,请稍等一下,他马上就来",而不应该说"他在厕所"之类。

若找的人不在,不能把电话一挂了事,而应耐心地询问对方的姓名、电话号码、是否需转告,征得对方同意后详细记录下来。

记录的要领包括:

对友公司的名称、所属单位、人名。

电话的具体内容。

来电话的日期和时间。

是否需回话。如需问话,请对方告诉电话号码。

问电话给何单位、何人

将留言记录当面转交,如不能当面转交,则置于办公桌上,同时记下接电话的日期、地点、自己的姓名。

如果你是代表上司拦截电话,一定要礼貌、友善,不要像笑话中所说:"我们经理说他不在,问清对方的姓名、单位名称后,根据上司的意思加以拦截,或通知上司或记录在案,以呈送上司。

一般由发话人先结束谈话,如果对方还没讲完,自己便挂断电话是很不礼貌的。

(2)打电话

给对方打电话时应注意的礼节:

注意打电话的时间。除了紧急要事之外,一般在以厂时间最好不要打电话给他人:

三餐吃饭的时间。

早晨7时以前。

中午午休时间。

晚上10点半以后。

注意通话所需的时间。电话交谈所持续的时间,一般以3"5分钟为宜,一次电话要占周5分钟以上,就庞该首先说出你要办的事,并问一下:"您现在和我谈话方便吗?"假如不方僵,就和对方另约一个时间。

接通后,首先说:"您好,我是ｘｘ公司的ｘｘｘ,请帮忙找Ｘｘｘ先生(小姐)接电话,谢谢。"

如果对方说找的人不在。庞致谢,并附带一句"改日再打"之类的话。

当拨错号码时,应致歉:"对不起。"最好不要不说话就挂断。

当你被缠在电话上时,应先暗示对方,你希望结束通话。假如无效,应在对方讲话停顿时或必要时打断他的讲话,可以说:"非常抱歉,我得挂电话了,我有个约会,已经要迟到了。"或者说:"对不起,我这里又来了一位客人,过一会儿我给你回电话好吗?"

倘若是打商务电话,应注意:

准备一张在电话中所要提及的要点核对单。

在心中仔细想过这次谈话或交易。

打电话前,想办法取得所有相关的资料。

集中精神,避免分心。

如果涉及到事实或数字,应将所有的参考资料、计算器放在触手可及的地方。

电话中的语言礼仪应注意:

语调不要过高或过低。过高,会使人感到严厉、生硬、冷淡,刚而不柔;过低使人感到无精打采、有气无力。

语调不能过长或过短。语调过长则显得懒散拖杏,过短又显得不负责任。

一般情况下,语气要适中,语调稍高些,尾音稍拖一点,才会使人感到亲切自然。

使用礼貌用语,"请","谢谢"之类。

4.拜访他人的礼仪

社交性拜访是现代人生活的一项重要活动,可以增进了解、建立和维护友谊。但应注意拜访的礼节。

拜访分为:一般拜访、请教拜访、探视拜访、突然造访、遣人拜访。

1.一般拜访

一般情况下,不要冒昧地拜访别人。因为现代社会每个人都有自己的生活圈、事业圈,不欢迎其他人冒昧访问。因此在拜访他人前应预先通知他人,通过打电话或事先请人带口信或提早用书信约定时间。

拜访时间的安排。一般不要在别人用餐、午间休息、早晨未起床、晚上10点半以后,否则不礼貌。

约好的拜访时间,不要早到或迟到;因临时事故不能如约而至的,要尽快通知对方;如果无法通知对方,事后定要抽身专程前往表示歉意。

按时抵达后,如无人迎候,则应按门铃或轻轻叩门,待有回音或有人开门后,方可进入。

一次正式社交拜访所花的时间,前后大约15分钟。但在非正式场合,假如在你拜访过程中又来了一位访客,你最好提前告辞。另一方面,也许你跟主人谈得特别投机,在主人的挽留下,拜访时间可略为延长。

经主人应允或应主人邀请,可进入室内。如果主人因故不能邀请你进入室内,访客则应自觉退至门外,在室外进行谈话。

2.请教拜访

请教拜访的对象一般都是长者、地位较高、学识较丰富的人。拜访前

应写信或打电话问对方自己何时可以前去拜访,问明对方是否方便,尤其不要忘记说清要请教的问题,以便主人有所准备。一般要比约定的时间略为提前几分钟到达。

请教时态度要诚恳,提出问题要言简意明,听对方解答问题时要认真,不可东张西望,或打哈欠。对方解答完问题之后,应立即起身告辞,以免影响主人的工作和休息。还应真诚致谢"打扰您休息了"、"感谢您的指教"等。

3.探视拜访

探视前应做如下准备:

了解患者情况。首先要了解病人得的是什么病,严重程度,治疗情况,病人目前的心理状态。如果病人得的是传染性疾病,医院一般禁止探视。应采用其他方式如写信等表示关心。如正急救或手术不久,冒昧前往,使病人不能得到很好的休息,也是不好的。

了解医院情况。医院允许探视的时间、院规等,否则既破坏了医院正常的工作秩序,又影响了病人的治疗和休息。

准备慰问物品。如鲜花、水果、点心和营养品等。

探视高血压、冠心病、胆囊炎、肾炎和高烧病人,宜带含有维生素的清淡食品,如新鲜水果、水果罐头和果汁等。

4、托人拜访

一般情况下,都是自己亲自拜访,但如果自己事务缠身又必须去拜访某人时,可以实行遣人拜访。

遣人拜访应注意的事有:

所派遣的人员要口齿伶俐,否则会造成重要事情的误解或让对方觉得不受尊重。

遣人拜访可以写一封私人信件,一般不封口,交给拜访的人;还可以交给拜访的人一张名片,以表明自己的诚意,信件上说明自己不能亲往的原因并致歉。

将拜访要说的问题向派遣的人员讲清楚,并请对方复述一遍,以保证准确无误。

事后你一定要抽身亲往致谢或修书一封,表示感谢。

5. 出席沙龙的礼仪

125

（1）沙龙的令义

"沙龙"是法语 SALON ft 音译，原文意译为"会客室、客厅"。从 17 世纪起，西欧一些贵族和资产阶级的部分知名人常常聚集在某些私人客厅，谈论文学、艺术和政治问题等。实际上，这是一处社交集会的形式。久而久之，沙龙逐渐成为社交集会的一个代名词。

（2）沙龙的类型

根据沙龙的主旨莉出席者，沙龙可大致分为以下 5 种类型：

社交性沙龙由比较熟识的朋友、同事结成的定期或不定期的社交聚会，大家聚集在某人家里或某些相对固定的场所，互相交流信息等。

学术性沙龙由职业、志趣相同或相近的知识分子组成的沙龙，旨在探讨学术或理论问题。

文艺性沙龙由文艺界人士和文艺爱好者组成的沙龙，旨在相聚娱乐。

联谊性沙龙由某一行业或各界人士代表参加的沙龙，旨在增进了解和友谊。

综合性沙龙参加人数较多和活动内容比较丰富的大型社交聚会。

（3）举办沙龙的冬件

举办沙龙，一般应具备下列三个条件：

a、有一个比较宽敞的场所，以便大家聚会和进行交流。例如有一个大的客厅或会议厅，或者使用一块空草坪等。

b、沙龙的召集者和主办人应具有较高的威望相一的表达能力，方能吸引大家来参加，并妥善地主持沙龙。

c、沙龙组织者应准备足够的座位和饮料等，以便款待来宾。

（4）参加沙龙的要求

沙龙是一种重要的社交活动，因此，要求每个参加者都注重礼仪。总的要求是：（1）衣着整洁；（2）按时出席；（3）谈吐文雅。

此外，参加不同性质的沙龙，具体要求也有所不同。例如，参加学术性沙龙，对该沙龙讨论的主题要有所了解，应认真玲听主要发言人的发言，发表意见时态度要中肯，语言要简洁，切琼废话连篇。而参加联谊性沙龙，应乐观、豁达，不要一个人待在角落里沉默不语，而应该积极地和他人接近。

第六单元 成功社交原则

原则1 每个人都有尊严不容人伤害

人人都有尊严,蔑视和污辱他人的人格和尊严的行为是不道德的。更是社交中的大忌。

对朋友尤其要尊重朋友的尊严和人格。有损于朋友人格、尊严的事不做,有损于朋友人格、尊严的话不讲。但有人偏偏这样做,唯一的结果是损害了朋友的感情。某单位甲和乙一对好朋友,突然有一天,甲想跟乙开个玩笑,甲给乙在报纸上登了一则征婚广告,广告刊出后,很快乙就收到了许多应征信,乙感到莫名其妙,这事在单位传得沸沸扬扬。乙无地自容,因为他是一位已婚者。现在又登广告征婚,这人神经是不是出了毛病。乙的老婆也和他闹起了离婚。眼看场面越来越难以收拾,甲方向乙道出真相。乙认为甲并非是在开玩笑,而是严重污辱了自己的人格和尊严,他不但和甲绝交,而且捆甲推上了法庭。好端端的一对朋友就这样完结了。

不传播有损于朋友名誉的流言蜚语。流言蜚语害死人,这是千古遗训。对一般的人都不要传播滚言蜚语更何况对朋友。《诗经》中说:"馋人说话没定准,扰乱各国不太平。"这是古人深恶痛绝的。汉代末年的司马徽非常聪明,很善于识别人,他在荆州时,知道刘表性情阴险害人,就对他避口不谈。有人就某些人物的好坏向司马徽询问,司马徽不与他争论高低。总是说"还好,还好"。他妻子劝他说:"别人浴您请教问题,您应当辩论,您却一概说好,难道人家是想听这个吗?"司马徽说:"像你说的,也挺好。"

司马徽简直是一位好好先生,但他是被局势所迫,而非真的模棱两可。东汉时的名流之间互相标榜,最终遭到党铜之祸。司马徽生在衰落的时代,隐居荆州南部。刘表外表宽厚,内心猜忌,没有容人的气量,称衡被杀一事就是前车之鉴。因此司马徽才一概说好。我们今天这个时代是一个好时代,虽然不能向司马徽这样一概说好,但至少不要说朋友的坏话,尤

127

其是那些流言蜚语,千万不要传播。

原则 2 用诚心与人交往

在各种美的个性之中,有一种共同的品性,那就是真诚。

真诚的低层要求是不说谎,不欺骗对方,但在复杂的社会和人生活动中,目的和手段要有一定的区别。医生为了减轻病人的痛苦,以利于治病救人,往往向病人隐瞒病情,编造一套谎话给病人。这样才能使病人早日康复。它表现的不是虚伪,而是更高、更深层的真诚,是出于高度的社会责任感的真诚。只有智慧、德性和能力达到高度统一的人,才能表现出这种高深层次的真诚美。应酬需要真诚!

日本大企业家小池曾说过:"做人就像做生意一样,第一要诀就是诚实。诚实就像树木的根,如果没有根,树木就别想有生命了。"

这段话也可以说概括了小池成功的经验。

小池出身贫寒,20 岁时就替一家机器公司当推销员。有一个时期,他推销机器非常顺利,半个月内就跟 33 位顾客做成了生意。之后,他发现他们卖的机器比别的公司生产的同样性能的机器昂贵。他想,同他订约的客户如果知道了,一定会对他的信用产生怀疑。于是深感不安的小池立即带着订约书和订金,整整花了三天的时间,逐户逐户去找客户。然后老老实实向客户说明,他所卖的机器比别家的机器昂贵,为此请他们废弃契约。

这种诚实的做法使每个订户都深受感动。结果,33 人中没有一个与小池废约,反而加深了对小池的信任秘敬佩。

诚实真是具有惊人的魔力,它像磁石一般具有强大的引力其后,人们就像小铁片被磁石吸引似的,纷纷前来他的店购买东西或向他订购机器,这样没多久,小池就成为"钞票满天飞"的人了。

日本专门研究社会关系的谷子博士有一次说:"大多数人选择朋友都是以对方是否出于真情而决定的。"他说有一个富翁为了测验别人对他是否真诚,就伪装重病人医院。

结果,那富翁说:"很多人来看我,但我看出其中许多人都是希望分配他的遗产而来的。特别是仙的亲人。"

谷子博士问他："你的朋友也来看你吗？"

"经常和我有来往的朋友都来了，但我知道他们不过是当做一种例行的应酬罢。"

"还有几个平素和我不睦的人也来了，但我知道他们是乐于听到我病霓，所以幸灾乐祸地来看我。"

照他的说法，他测验的结果或许是：根本没有一个人在"真诚"方面及格。

谷子博士就告诉他："我们为什么苦于测验别人对自己真诚测验一下自己对别人是否真诚，岂不更可靠？"

与其试探别人的忠诚，不如问问自己的忠诚。圈为我们都有一种莫名其妙的思想，总是希望别人为自己赴汤蹈火，而自邑对别人则样样三思而后行。这样的思想确实要不得。

现在，就让我为大家介绍一下表现真诚的技巧，在日常生活中，它是如何运用的：

（1）表达看法或建议、要求时，话讲得慢一些，容易给人诚实的印象。如果说话很快，则易让人产生轻浮的印象。

（2）有十足理由的观点或要求时，若能以轻声的口气说，就会较容易让人相信和接受。

（3）与人交谈的时候，上半身往前倾斜，可表现出你对交谈者和所谈内容的强烈关心

（4）"星期日也无妨，随时随地听您的吩咐。"这句话可使对方感觉到你的诚意。

（5）认真时，有认真的表情，可笑时，则尽量去笑，会给人感性良好的印象。

（6）与客人或朋友同事握手，走得比常规距离更近一些，能表示你的友好利热情。

（7）不论是应酬或私人间的情谊，工作之余，凡是和上司一起相处在开放式的情绪中，翌日早晨都应该规规矩矩的上班，而且要比上司更早开始工作。因为这种作法可让上司知道自己是个公私分明、把握原则的人，因而加强了对你的信赖感。

（8）遵守在谈笑间所订的诺言，可增加对方认为你是很诚实的印象。

（9）以手势配合讲话，比较容易把自己的热情传达给对方。

原则 3 宽容：拥有博大的胸怀

《菜根谭》中有一句话："处事让一步为高，退步即进步的张本；待人宽一分是福，利人是利己的根基。"这是很有道理的话。

贾复和寇恂是光武帝刘秀复兴汉室的两个功臣，有一次，贾复的部将在颖川杀了人。当时，寇恂作颖川太守，就将那个人逮捕并处死。贾复知道手，认为寇恂这样做是侮辱他的尊严，带兵经过颖川时，对手下的人说："见到寇恂一定要将他杀死。"寇恂知道他的预谋，就不与他相见。寇恂姐姐的儿子谷崇请求带宝剑在他身旁侍候，以防万一，寇何说："不需要那样，以前蔺相如不怕秦王，而让着廉颇，是为国家着想。"于是就命令所属各地都要盛情贾将军的军队，为他们每人准备两人的酒饭。贾复带部队来到，寇询出门到路上相迎，然后说自己有病先回去。贾复集中队伍想追赶他，无奈手下将士都喝多了，动弹不得。寇恂派人将事情报告光武帝刘秀，光武帝召见寇恂和贾复，让他们重新结为好朋友。

寇恂学习蔺相如，不记个人私仇，而是以国事为重，宽容大度，巧使计策，既避免了杀身之祸，也赢得了好朋友。

唐朝的郭子仪和李光弼是朔方节度使安思顺手下的两员大将，两人长期不和。虽然在一个地方效力，但两人从不正眼相看，也不说话。等到郭子仪取代安思顺做了朔方节度使，李光弼知道自己的死期到了，就想逃走，但还犹豫不决。十天之后，唐玄宗命令郭子仪带兵攻打安禄山、史思明的叛军。李光弼进了郭子仪的公堂，对郭子仪说："我们两人如同仇人，现在你大权在手，我自己对死心甘情愿，请你不要牵连我的妻子和儿女。"郭子仪一听这话，快步走到李光弼面前，握着他的手，抚着他的背，扶他到堂上坐下，流着眼泪对他说："如今国家有难，皇上避难在外，没有你不能东征，哪里是考虑私仇的时候啊！"说完，倒地便拜。二人从此握手言欢，共同谋划，打败了叛军。

大千世界，什么样的人都有，有君子，也有小人。凡是有人群的地方，就难免有矛盾，有勾心斗角的事情发生，各种利害冲突使人不可能不产生摩擦。关键是如何对待矛盾和摩擦，小人可能使小矛盾变成大矛盾，使小

摩擦变成大摩擦,因为小人的心胸狭窄。只有君子,具有宽广的胸怀,宽容忍让为怀,化干戈为玉帛,带来良好的人际关系。宽容是建立人际关系的一大法宝。

结交朋友必须正确区分益友和损友。与德高、见多识广之人相交有利于自己的进步,与自私、虚伪、贪利之人相处,有害无益,正如荀子所言:"蓬生麻中,不扶而直;白沙在涅(污泥),与之俱黑。"

老子在周朝做史官的时候,孔子曾经去拜访他。当时,老子不仅年龄比孔子大,而且学问比孔子渊博,名声也大,他听说孔子要来拜访他,十分谦虚地套了车,亲自赶着到郊外迎接。老子坐在车上,静候一位素不相识的年轻人。孔子的车来了,老子连忙走下车来。孔子非常感动,急忙跳下车来,双手捧着一只大雁,走上前说:"老师亲自来迎,弟子实不敢当。"老子笑道说:"谁是老师,谁是弟子,这不是绝对的。在我懂得多的时候,我是老师;在你懂得多的时候,你是老师。所以,我是老师,你也是老师;你是学生,我也是学生。"孔子在那里,每天都向老子请教、研讨问题,学到了许多知识莉做人的道理。

原则 4 朋友危难时伸出援助之手

真正的知音往往在患难申感知。公元前 93 年,司马迁有位叫任安的朋友,在益州做刺史时给他来了一封信。信中说:"子长兄,你砚在做着中书令这样的大官,掌管着国家的机要,地位显赫,又能够经常见到皇上。你本应该充分利用这个条件,多向皇上推荐些有才能的人,让他们有为国家做贡献的机会。可是我从来没听说过你推荐过谁,这是你的失职啊!说实在话,我对你很失望。"司马迁,没有给任安回信,对朋友的批评没有做任何的解释。

两年之后,任安大祸临头,被关进了监狱。原来在汉武帝和太子争战的时候。太子曾以皇上的名义调动任安的兵马。任安没有发兵,没想到汉武帝取胜后,认为任安是太子的亲信,竟下令逮捕了他。到这年秋后。任安就要被判以腰斩的极刑了。

司马迁听到这一消息大吃一惊。他再一次看到皇帝的残忍,因为有亲

身体验,他非常同情任安,在别的大臣部纷纷表白和任安没关系的时候,司马迁却找出任安以前给他的那封信,心想:"少卿啊,我本来不想给你回信了。现荏,你遭到大难,我倒要写封信安慰安慰你。我莉你有过同样的遭遇,知道人在这个时候是多么希望朋友的帮助啊!"

司马迁在信中写道:"你当初写信,让我推荐有才能的人到朝廷做官。可是我听说,人世间最大的耻辱就是像我这样,受了腐刑。自古以来,人们都不和受了腐刑的人交往,我又怎能去推荐天下的人才呢?我年轻的时候,以为自己很有才干,也曾希望得到皇上的赏识,可谁知道,我只是为李陵说了几句话,就激怒了皇帝,受到了这样的腐刑……受刑后,我一想到自己所受的耻辱,就觉得没脸见人。我曾想到过死,可我的史书没有写完,父亲的遗愿还没有实现,我还不能死,无论如何,也要活下去。只要我写完史书,后人就能得到它,我受的耻辱也就得到了补偿。到那个时候,就是把我千刀万剐,我也不后悔了。"

任安被关在监狱里度日如年,他是多么希望有人来安慰啊!可是他往日很要好的朋友,一个个都躲得远远的了。他只能独自叹息。忽然有一天收到了司马迁的来信,任安读了一遍又一遍,感动得泪流满面,说道:"子长兄啊,你真是一位了不起的人,你虽然身体残废了,可你身残志不残,你是真正的男子汉!你和你的史书,都将永垂千古!"

这是一段感人的故事,司马迁与任安是一对真正的知音,他们的友情地久天长,他们的友情已超出一般的界线。其中固然有同病相怜的因素,但重要的是相互理解。

原则 5 守诺:做个讲信誉的人

孔子经常教育他的学生,要"言必行,行必果",就是说:说话一定要算数,说到要做到,办事一定要果断,不能犹豫不决。曾子把老师的话牢记在心。每天晚上睡觉前,他都要进行反省:"给人家办事,我做到诚心尽力了吗?对待朋友,我有没有不诚实,不守信用的地方呢?老师的教诲我认真复习过了吗?"日复一日,年复一年,曾子一直这样严格要求自己,成了远近闻名的人士。人们办事都喜欢找他帮忙,有时把一些性命做关的大事也交

给他办。因为大家都知道，曾子是最诚实、最讲信用的人，把事情交给他办，是完全可以放心的。

"信，人言也，人言则无信者，故从人言。"意思是，信就是人所讲的话，不是人讲的话才会无信。这话虽说的不够全面，但也说明信守诺言的重要性。东汉时期，山东人范式和河南人张助在太学期间是一对好朋友。学成分别时，两人相约要聚一次，重聚地点是张助家，并定了具体聚会日期。两年后的这一天，张助告诉母亲他的同学范式要到他家来，希望母亲准备一些酒饭。张助的母亲不相信，说两地相距这样远，你肯定他今天一定到？但范式果真这一天来了，张助的母亲说，范式真是一个守信用的人，与这样的人交朋友，肯定错不了！后来，张助得重病去世了，下葬的那一天，乡邻们忽然发现远处有一辆车急驰而来，白马素惟，并能听到痛哭的声音，张助的母亲说：一定是范式来了，范式手执麻绳，牵着灵车为张助落葬，痛哭说道："去吧！元伯。生死异路，无法挽回，我和你就此永别啦！"周围的人听到范式的话无不落泪，都说没存见过像范式这样诚心诚意，信守诺言的朋友。

对朋友守信用体现在每一件细小的事情上，朋友托你办一件小事情，这事情又是举手之劳的，你应该尽心尽力去办。譬如，你去外地出差，朋友托你买一件东西，你答应了朋友就应该做到，做不到应向朋友解释清楚没做到的原因，不然就是不守信用，给朋友关系蒙上了一层阴影。

守信用还表现在。严格遵守与朋友的约定，在任何情况下都不要失约。若经常失约，不仅耽误了别人的时间，打乱了别人的安排，而且也损害了自己的形象，失去了自己的信誉。战国时期的魏文侯信守约定，很值得人们学习。有一次，魏文侯曾对管理猎场的人说，两天后我要到这里来打猎。两天后的那一天，文侯与臣子们饮酒，正饮了一半，文侯却停下了酒杯，说天不早了，我要出去。臣子们惊讶道，外面正下着雨，我们在这里饮酒非常快乐，你为什么要出去呢？还是别出去了！文侯说，我前两天和管理猎场的人约好了今天要去打猎，不管怎么说，不好失约啊！

春秋晚期吴国有一位贤士叫季礼，有一次他出使路过徐国，顺便拜望老朋友徐君。徐君见他佩戴着一把极精美的宝剑，喜欢得不得了。可是没有好意思向他开口要。季札看出了他的心思，但考虑到还要佩此剑出使别国，也就没宝动挑明。等他出使回来，再去看望徐君时，徐君却不幸得病死

了。季札非常悲伤,他把宝剑解下来,挂在了徐君墓前的树上。季札的随从感到非常奇怪,问他:徐君已经死了,这宝剑挂在这里是给谁呢?季札对他们说:"徐君在世的时候,非常喜欢这把剑,我心里明白他这个意思,并且已在心里作了把此剑赠他的承诺。现在不能因为他已经去世,看不到我的赠与了,就违背己心,毁诺轻轻啊!季札在心里许下的承诺都守信,难怪一些名贤都愿意与他结交了。"

原则 6 讲义气:不要过于看重金钱

現在社会虽然人人平等,没有高低贵贱之分,但现实中总有贫富之差别,朋友之间也不例外。贫者当然不必自卑,也不必感到抬不起头,但富者也不必自我感觉高人一、等,盛气凌人。特别是在与贫者交往时更不能另眼相看,不要过多谈论金钱财物。因为贫者与富者在一起时,或多或少地有点神经敏感,如果过多地在"金钱"上徘徊,贫者会感到有压力,从而与你疏远。即使你是无意识的,往往也会引出麻烦。"说者无意,听者有心"。

小壬和小李是大学同窗,毕业后分在同一个城市工作,小王在学校当教师,小李在某银行工作。因为是同窗又在同一城市工作,俩人经常来往,互相帮助,堪称一对好朋友。两年后,俩人都结了婚,此后两家关系不错,俩人的对象也称妹。可两家越交往,关系却越淡薄了,为什么呢?原来,小王是教师,工资不高,生活比较清贫,而小李在银行工作,工资福利待遇较高,且自从当上了副主任以后,送礼办事的人较多,家里所有的东西都是现代化的。小王夫妻因家境不好,本身就有一种自卑,而到小李家时,小李夫妻谈论更多的是金钱,说什么"这个社会离了钱什么也办不成,我们家现在什么都不缺,你们两口子走时,随便拿回点去吃吧!……你们来也不用给小孩买什么东西了,我们孩子什么都有,你们那蔗钱还是省着点花吧!"小王夫妻一听这话,心中不悦,好像来这儿是要饭似的,从此,两家关系逐渐淡薄了。

现实生活中这样的例子很多。小于是来自贫困山区的一名大学生,因家境困难,读大学期间吃、穿、用等方面比较节俭,而同室的几位同学来自沿海发达地区,家境相当富裕,花钱大手大脚。这些人平时在宿舍里经常

夸耀自己的家境富裕，而说小于那儿如何如何穷，简直句句是钱。有时大骂贫困山区的人如何笨，思想如何不解放。有一次，几位比较富的同学要求全室聚会，到餐馆吃一顿，小于感到很为难，左思右想还是拒绝了。他们可不耐烦了，嚷道："别这么小气好不好！如果舍不得花钱，我们可以请你，怎么能不去呢？"小于觉得很不自在，认为自己不能在那个宿舍呆下去了。于是没隔几天就请求班主任搬到另一个宿舍去了。那儿个"富人"后来才明白自己错了，主动找小于道了歉，帮助小于搬回了原来的宿舍。

上述两例足以说明，富者不可在贫者面前过多地谈钱，不然就会伤贫者的自尊心，其友情就大大打了折扣。贫者和富者在人格上是平等的。要记住，贫者和富者的贫富都是暂时的，今后，贫者可能变成富者，富者可能变成贫者，因此，富者不可居高临下，贫者也不必太敏感。交朋友，更多的是交心，如果掺进了什么"利"在里面，就不符合交朋友的学问了。

原则7 为人要忠诚厚道

诚实是做人的基本品质，是人们相互信赖和友好交往的基石。每个人都喜欢同诚实正派的人打交道，与诚实正派的人交往。因为这样可使朋友有安全感，不必心存疑虑。

为人诚实表现在与朋友交往中，就是以诚相待，说实话，办实事，做老实人，对朋友不可虚情假意，也不可口是心非，切忌对朋友施小心眼，要小聪明。

为人诚实，就是要诚实地对待朋友，当朋友真诚地与你交往关心你，爱护你的时候，要以同样的真诚，甚至更多的真诚的言行去回报朋友。滴水之恩，当以涌泉相报，这样以心换心，朋友之间的友情必然是根深叶茂

东汉时期，有一位名叫荀巨伯的人，一日得急信，说一位朋友得了重病。朋友远在千里之外，荀巨伯去看他时，赶了好几天的路程。可是到了朋友所住的郡地时，却发现这里被胡人包围了。他只得潜入城里去看望朋友，朋友看到荀巨伯时非常高兴，但又忧虑地说："谢谢你在这个时候还来看望我。现在城已被胡人包围了，看样子是守不住了。我是一个快死的人，城破不破，对我来说已无所谓了，可你没有必要留在这里，趁现在能想办

135

法,你赶快走吧!"苟巨伯听后责备朋友说:"你这是说的什么话!朋友有福同享,有难同当,现在大难临头,你却要我扔下你不管,自己去逃命,我怎么能做这样不仁不义的事情呢?"胡人攻破城后,闯进朋友的院落,见到安坐的苟巨伯,大发威风说:"我们大军所到之处,所向披靡,你是何人,竟敢不望风而逃,难道想阻挡大军不成?"苟巨伯说:"你们误会了,我并不是这城里的人,到这里只是来看望一个住在这里的朋友。现在我的朋友病得很严重,危在旦夕,我不能因为你们来,就丢下朋友不管。你们如果要杀的话,就杀我吧!不要杀死我这位已痛苦不堪,无法自救的朋友。"胡人听了这样的话非常惊奇,半响无语。过了好大一会儿,有一位头领看了看手中的大刀,说道:"看来,我们是一群根本不懂得道义的人了。我们怎么能在这个崇高道义的国家里胡闯乱荡,为所欲为呢?走吧!"胡人竟因此而收兵,一郡得以保全。

且不说苟巨伯对待朋友的义气感化了胡人,保全了朋友住郡的安危,单就苟巨伯对待朋友的真诚本身而言,足以令人感动了,像这样以真诚的言行对待朋友,天下还有谁不愿意与其结交呢?朋友之间的友情怎能苎深呢?

汉代还有一位名叫朱蹲的人,在其读书的时候,结识了一位大官叫张堪,恰好两人是同乡,张堪很器重他。但朱挥认为自己只是一名太学生,不敢与人交往过密。有一次,张堪对朱挥说,你真是一个自持的人,值得信赖,我愿把家室托付给你。因为张堪是一位德高望重的前辈,朱挥对此重言不知如何反应,只是恭敬地拱手相应。后来,张堪死了,因为为官清廉,死后没留下什么丰厚的遗产。朱挥其时早已与张堪不通音讯,但知道张堪去世的消息后,感于张堪的知遇之恩,千方百汁地济以钱粮,并经常去问寒问暖。朱浑的儿子不解地问:"爸爸,我们以前没有听说过你与张堪有什么厚交,你为什么如此厚待他家的人?"朱蹲说:"张堪生前,曾对我有知己相托之言,我当时已答应了,做人不能欺骗别人,更不能欺骗自己。"朱挥还有一个朋友叫陈揖,两人也十分投机,陈揖过早谢世,留下了一个遗腹子陈友。朱挥在陈揖去世后,尽一切力量帮陈揖尽父责。有一次,南阳太守召朱挥的儿子去当僚属,朱阵却换下了自己的儿子而举荐陈揖的儿子陈友。

朱挥忠诚于朋友可谓达到了极至,为人正直诚恳,言行一致,表里如一,堪称典范。

原则 8 做一个有教养的人

1. 教养, 人际交往的必备钥匙

人们在相互交往中认识世界, 在相处中使自己得到发展。无论是谁, 在交往中建立起来的人际关系越好, 他的朋友就越多, 就越能使自己得到欢乐、温暖、希望、勇气, 同时也增加了自身的智慧和力量。

不言而喻, 谁都渴望自己与周围的人们关系和谐融洽, 更希望与别人友好相处, 从中获得信任, 理解和友谊。那么怎样才能达到这一愿望呢, 良好的修养是你走向成功, 去打通、恢复各种人际关系中所不可缺少的条件。

2. 体现教养的九条黄金要素

在谈到对人印象时, 我们往往喜欢用"这个人有教养"来表示好感; 而用"这个人教养不够或没有教养"来表示不喜欢或厌恶的程度。有教养与否, 成了印象好坏的分水岭。

一个人的教养是翩翩风度的内化表现, 是文雅大方的内涵, 是仪表美的根基, 也是我们与人融洽相处的条件。

教养是一个人修养情操的综合反映, 是文化水准高低的显现, 良好的教养是勉力的源泉。

教养大多数表现在日常的谈吐、举止、言行之中, 虽是无形的东西, 却能支撑着一个人行为的结构方式, 表现为一定的素养气质。

教养同文化水准是密切相关的。一定的文化素质是有教养的基础, 品德是组成教养的细胞。较好的文化水准和高尚的品德融合在 -- 起, 才会有文明的举止, 优雅的谈吐, 这是人们要达到与人保持良好关系的可靠保证。

一些心理学家私社会学家在归纳整理的基础上, 提出注意教养的十条建议:

一、具有较高层次的清洁观和打扮美学

穿衣戴帽要整洁大方, 服饰最好是同自己的身份、身材相符, 给人一种和谐美。邋邋遢遢使人看了不舒服; 装饰过浓也会失去原有的灵气。比如你到十分熟悉的同事家做客, 穿的衣服特别考究, 如同新郎新娘一般, 这就过分了。假如你出席别人的婚礼, 穿戴太马虎, 那也不妥当。还是以自

然、清新为好。

二、出入公共和社交场所，言行举止要合乎文化规范

潇洒不是不拘小节。比如人家谈兴正浓，讨论问题正热，你不管三七二十一硬插进去，随意打断别人的谈话思路，不以为耻，反以为荣，哗众取宠，这就失礼了。听别人谈话，架起二郎腿，眼神不集中。毫无表情，这也是不尊重人的表现。

到陌生的地方去，要入乡随俗，遵守当地习俗。踏进人家的屋子，不要东张西望，更不要随意翻阅人家的东圈。在公共场合遇到非礼行为，不必多费口舌，更不要以牙还牙，甚至说话带脏字，这样往往会使人同丑恶联系起来。

三、送别人以体谅的眼光

能学人之长，也能补人之短。当众不揭人短处或讲别人忌讳的话，做别人忌讳的事，不背后议论别人。拿别人的弱点来取笑，非但不是道德之举，反而会露出人格上的缺陷，这样对他人只能造成一种痛苦，我们不应提倡，而碰提倡给别人以体谅之情、之心。

四、待人接物恰到好处，不卑不亢

不卑，就是不卑躬屈膝，做出一付讨好巴结的样子，这是有损人格的。不亢，不自傲，不以老大自居。盛气凌人，似乎自己比别人高出一筹，这会引起别人的反感。不论同谁交往，也不论对方地位高低、资历深浅、条件优劣、学识博浅，都应遵循不卑不亢、热情谦让、有礼有理的准则。

五、对自己有切实的认识

自知之明，既知己之长，也知己之短。不懂不要装懂，知之为知之，知一点为知一点，不知为不知，不要知一点说成一大片，不要不知强为知，天花乱坠吹一通，说话没有根基，容易露馅，贴笑于人。

六、信守诺言，遵守时间

不要随便承诺，一旦说到的事一定办到，自己没有把握的事情，即使碍于面子不宜当面回绝，话里也要留有可能办不到的意思。为了奉承、讨好别人，把明明不可能办到的事情统统包揽下来，会弄巧成拙，失信于人。赴约、开会之类社交场合要尽量遵守时间，准时到达，如果碰到麻烦，没能准时赴约要向人解释或赔礼道歉。

七、不要做"包打听"，充当"小广播"

不该知道的事情不要去问、去打听，多嘴多舌，旁敲侧击，常会引起别

人的反感;尤其是不要问别人难以启齿的隐私,免得人家不愿与你继续交往。别人告诉了你自己的私事,不应凭此作材料,向大家公布,充当"小广播",否则别人今后不会再对你讲真心话和知心话。

八、拜访、打扰别人要适可而止

拜访要讲究礼仪,有准备尽可能事先打电话约定好。即使有事打扰别人,也要衡量有无可能。事情办毕一般要适时告辞,不要老是没完没了,让别人无端地陪伴自己,这样别人下次会不欢迎你。

九、为人切忌过于敏感

有些话,对方处于无心,你过分敏感了,就是出于性格的多疑与偏狭。有些事情,地方就是这个意思,你却想人非非,彼此也就难以投机。古人说:"君子坦荡荡",对有些事情,不必过于认真,若样样都琢磨一个究竟,会使自己烦恼。

另外只有具备了好的教养,才能与人保持关系,与人恢复关系,与人缓和关系等等,诸如此类的问题都会迎刃而解。

原则9办事要给别人和自己均留有余地

现在的许多人豪爽大方,朋友托你办事,便满口答应下来:"行!"却不想,假如别人托办的事办不成怎么办,因此,说话、办事要留有余地。

如果说话不留有余地,你费了劲,没办成事,朋友会不高兴,以为你没尽心去办。你怎么解释好呢？怪不得朋友,只怪你自己当初把话说得太"死",太"绝"了,不懂得"说话要留有余地"的艺术,在社会上说话、办事是会碰钉子的。

答应为别人办事,说话要留有余地。所托的事,看上去问题不大,原来很有把握,也不必一一锤定音,你可以说:"我一定尽力去办!"因为世上的事千变万化,很难料到结果。这么一说就主动了,事办成了,朋友感激你;一旦事情出了意外,没能办妥,朋友也不会埋怨你。你也不觉得不好意思见朋友。求别人办事,说话更要留有余地。不管事情大小,最好说:"这件事确实不容易办,麻烦你试试吧,实在不成,也没关系。"这话听起来顺耳,对方知你通情达理,乐意为你尽力而为。"你一定要给我办一下"之类的话,近

乎命令而非求人，人家不高兴了，可以办的事也不想为你去办，即使碍于情面帮了忙，别人的心里也不痛快。

与陌生人交往，说话也要留有余地。假设有人来找你的邻居，你若熟悉来者是你领导的亲友，当然实情相告，邻居到哪去了，何时回来。来者若你不熟悉，他又末说明来意，你可以说："不太清楚上哪去了，没说什么时候回来"等不太确定的话。你的邻居也许不愿见他，你假若全说实话，可能不利于邻居和自己。

拒绝人，说话也应注意留有余地。在现实生活中，很难不求人，很难不被人求。有时"心有余而力不足"，只好拒绝别人的要求，这本是正常现象，可是有时弄得不好，也会闹得不愉快。举一简单事例：

小王马上要结婚，托小张买台名牌彩电，小张直截了当拒绝说："我哪有办法，我亲戚刚托我买台彩电，还没买成呢！"尽管说的是实话，也会影响朋友之间的交情。如果换一种说法，"结婚是件大事，是该买台好的彩电，早两年我还有点路子，现在不行了，我亲戚刚来找过我，我也没敢答应他。"这样一说，对方就会理解你的难处，也就不会强求你了。

拒绝的方式方法很多，可以从自身或客观等处找理由，可用含蓄、暗示的方法，还可转移、推及到他人身上，但理由要可信，态度要可亲。避免生冷的语言。

表扬人、批评人、帮人调解事端，解决矛盾、冲突，应付各种谴肋场葡，平息不满情绪，乃至布置工作任务，汇报工作等等，都有一个语言艺术问题，都可以留有余地。只有做到这些，我们才能得到一种和谐的朋友、同事、上下级之间的关系。

原则 10 忍者才能成大事

魂国公韩踌度量过人，生性浑厚纯朴，从不搞一些小手脚。他的功劳为天下之最，在大臣中地位最高，但从未见过他为此感到高兴，担负巨大的任务，濒临难以预料的祸事也从未见他忧愁过。他做事为人，上朝以后站着与其他官员说话，回来以后，休息时与家里人的谈话，都是出于真心。有一个跟随韩踌几十年的人，记下了韩踌的言行，反复对照，说的与做的

都十分吻合,没有不相应的地方。由此可见,韩畸具有多么大的忍耐力。

韩畸镇守大名府时,有人献上两只玉杯,说:"这是种田人在破坟申找到的,里外都没有玻疵,真是好的宝玉啊。"韩茵用白金装饰,更漂亮了。每逢开宴会招待客人,都用绸绵盖上它,放在桌子上。

一天,招待管理水运的官吏,准备用这两只玉杯装酒,招待客人。客人都到了,然而在这时候,一位侍兵不小心,撞倒了玉杯,两只玉杯俱碎。客人都很吃惊,那位侍兵也伏在地上等候惩罚。韩畸脸色不变,笑着对客人们说:"天下的东西是坏还是不坏,都有其自己的命运。"过了一会儿对那个侍兵说:"你是失误造成的,并不是故意的,有什么过错呢?"客人都佩服韩菊宽厚的德行和度量。

能够忍让,事情一般能够做好;至于别人做法是否正确,那也是无所谓的事。张文定说过:"谨慎而忠厚,不怕容忍坏事,又有什么妨碍呢？"

原则 11 面带微笑迎向人生

能具备快乐的人生,是多么令人羡慕,然而我们应懂得:人生快乐与否,全在于自我的选择。

人生是一面镜子,假如你对他笑,它也以笑来报答你。假如你对它流泪,整天愁眉苦脸,它也会用悲愁来回报你。假如你张开双臂追求它,它就会让热烈的爱充满在你的周围。

有的人脸上永远写着不幸和悲观,他们每每抱怨艰苦的命运,他们自认是失败者,成了无生命的活广告牌。

一位朋友,年轻有为也很聪明。他正经营一家商店,可他有一个非常坏的毛病,就是向每个遇到的朋友抱怨自己的行业。起先只是怕别人嫉妒他赚了大钱,怕别人向他借钱,当别人问起他的事业,他总是说:"糟糕得很,生意清淡,没有赚头,不如你们挣工资的,既稳定又保险。"尽管他的生意红火,财源滚滚,可他却总是像小和尚念经一样磅叨个没完。后来他的生意真每况愈下,毫无起色了。因为他总是让人感到丧气,与他打交道的人都觉他的能力有限,没有丝毫的自信,渐渐地生意场上的人都疏远了他,客户们也都纷纷改换门庭。

一个如此有才气,有希望的青年,就这样改变了自己的前途。压抑自己的雄心,自己为自己制造悲观气氛,这是成功者的致命伤。有这种习惯的人,不可能成为一名成功者。

在人生的道路上,最好的成功者往往是对事业、对生活都充满希望的人。他们在处理任何事情上,脸上总含着微笑,接受人生的变故和挫折,满洒地应付各种不幸。

在我们生存的这个星球上,到处充满了忧愁和悲哀,祸患和疾病,因而我们需要更多的阳光,需要更多的喜气和快乐,更需要奋发向上的鼓励话,而绝对不需要那些心灰意懒的丧气话。

有的人,他们失去朋友,生活完全不幸。也有的人虽然曾竭力挣扎,可也弄得自己成为病人,但依然支持着他们的还是快乐、希望,因为他们从不承认失败。学会享受快乐,才能真正享受人生的乐趣。

原则 12 修身立德人生一大事

《菜根谭》中说道:"德者,事业之基,未有基不固而栋宇坚久者。"可见,古人是把修身立德当成了成功的基础,如同修建高楼大厦一样,如果事先不打牢地基,肯定不会稳固。

虽然在不同的时代,"德"字具有不同的含义和要求,但离开这个"德"字, 就会离成功越来越远, 有的人已经获得了一定的成功, 由于离开了"德"字而功败垂成。这就应了《菜根谭》中的那句话,"未有基不固而栋宇坚久者"。我们先从一个反面的教训说起。

卢胶青,1953 年 10 月出生,山东莒县人,当过兵,在部队曾任营职干部,后转业地方工作。1991 年来泰安市郊区区委挂职副书记。1992 年 6 月,当胡建学升任泰安市委书记后的短短几个月内,卢胶青连升三级,被提拔为泰安市委常委、秘书长。

1995 年的初冬,泰城异常阴冷。

泰安市中级人民法院将依法对被告人卢胶青贪污受贿案进行开审理,消息一传开,阴冷的泰城顿时沸腾了起来。在经过了法庭审理的相应程序后,公诉人进行公诉发言:

"……法庭调查证实,被告人卢一次索贿、受贿金额特别巨大。自1992年5月至1994年12月底,仅两年多的时间,被告人卢胶青先后收受索取贿赂140余万元。仅在石化就收受股票、首饰和报销个人发票,索贿受贿89.5万元。卢胶青受贿数额达40万元之巨的就有两次。140万元,这个令人惊诧的数字,它能抵300名国家工作人员的全年工资收入,能使尚不得温饱的几千人得到温饱,能使万余名失学儿童得以复学。卢胶青制造了山东省建国以来数额最大的受贿案。"

有人粗略计算了一下,卢胶青从当上泰安市委常委、秘书长、到收审之日,900天内每天平均受贿索贿达1500元以上。

卢胶青腐败堕落,生活极其糜烂。他吃大饭店,住星级宾馆,进豪华舞厅,大肆挥霍民脂民膏。去北京,他吃住四星级、五星级的新大都、金都假日、新世纪、王府、凯宾斯基饭店,到济南他吃住齐鲁、宝爵等高级宾馆。他曾与一女人在帝豪用餐,一杯酒竟花去人民币950元。

至于穿着,卢胶青更是考究。不穿则己,穿必高级名牌。什么皮尔·卡丹、鲜鱼等名牌服装,应有尽有。他的一件迪生夹克价值3490元,一双皮鞋价值2000余元,一套西装4000多元,甚至其内衣内裤,也非进口名牌不穿。仅此,共挥霍人民币20余万元。

据报道,卢胶青在案发前的发迹,实际上主要取决于他的"门第",此人不学无术,更是个缺德之人。这种人即使能够在一定期间走"贵族走功"竣道路,但即使是"贵族",也得讲统一定的道德准则,何况中国是社会主义国家,不允许旧时代意义上的"贵族"的存在,而且正在走依法治国之路。有些人在"靠山"在时,可以狂獗一时,一旦"靠山"不在,顷刻身败名裂。所以,即便是有成功的天时地利,也不可忽视自己的修身立德。

古今申外,大量的名人,政治家、科学家、艺术家等,只要是真正成功、名垂青史的,无不重视修身立德这一成功的根基。

像卢胶青,不重修身,等待他的自然是法律的严惩。修身不贰,则无不能祸,一点也不悔,卢案从反面证明了这一点。

原则13 退一步海阔天空

古人云：退一步海阔天空。社交中更是这样。

宋代韩畸任武帅，夜里写信时，让一名士兵在一旁端着蜡烛，士兵不小心烧了韩苟的胡子。韩畸用袖子扑灭了，然后像没事了一样继续写信。不一会儿看那士兵，已经换了人。韩畸担心长官会鞭打那名士兵，急忙叫道："不要换人！我让他剔灯，所以才烧了胡子。幸好信没有烧着，有什么过错？"

韩琦有一次花一百两银子买了一只玉杯，很是珍爱。手下一名官员不小心把它掉在地上打碎了，在座的客人惊呆了。那名官员趴在地上等着挨罚，韩骑笑着说："东西命中注定是要碎的，你不是故意的，有什么罪过？"

胡子已经烧了，杯子已经碎了，发脾气又有什么用？但这是最使人发怒的事情，韩畸度量过人，把事情看开了，所以遇事胸怀坦荡。假如韩畸度量狭小，换掉士兵，惩罚碎杯官员，恐怕是是很正常事情。人们不具备韩骑的度量，但可以向韩简学习，学习"遇事退一步想想"的观念，这样，或许能使人逐渐变得大度起来。

古代具有宽容大度的人很多，流传不衰。

宋代富粥小的时候，有人骂他。一个人告诉他说："他骂你呢！"富粥说："恐怕是在骂别人吧！"那人又对他说："他指名道姓地骂你，怎么是骂别人呢！"富粥说："恐怕是同名同姓吧！"骂他的人很是惭愧。

有拾金子银子的，哪有拾骂的？可就是有这样的人：别人没有骂他，他却认为别人骂了他；即使别人没有指名道姓地骂他，他也认为是在骂他，这样的人是小人，气量很小，与君子的做法正好相反。宋代还有一个叫娄东顾的人与富拥有同样的度量，在处理同一件事时，用的是同样的态度的方法。娄东顾，其人勤奋好学，品行端正，在邻里间有很高的威望，待人接物，和蔼平易，从不恶声恶气，给人脸色看，有一次，邻居某人夜里喝醉了酒，到他家门前骂街。仆人告诉娄东顾，娄东顾说："他骂他的，与我有什么相干？"醉人又指名道姓地骂他，仆人又告诉了娄东顾。娄东顾说："同名同姓的人多了，怎么知道他骂的一定是我？"丝毫也不在意。邻居酒醒之后，

非常惭愧，登门道歉。娄东顾好心宽慰他，对他很有礼貌，当时人们被他的美德所感动，互相劝戒，一心向善。

还有一则故事。

南朝的沈鳞士有一次出门，路上遇到一个人，说沈磷士穿的鞋子好像是他的。沈磷士说："这是你的鞋吗？"当即把鞋脱给他，自己光着脚回来了。那人找到鞋子后，又把沈磷士的鞋子还给他。沈磷士说："这不是你的鞋吗？"又笑着把鞋子收下了。

富粥、娄东顾、沈磷士等人可谓大度之至，大度给他们赢得了好名声，更重要的是感化了一批人。可以说："他们也是遇事退一步想想的人。用这种态度对待朋友，没有处不好的。"

原则 14 兄妹之间要情同手足

兄弟姐妹之间要互爱互助。人们常用"情同手足"、"亲如姐妹"来形容朋友间非同寻常的友谊，可见兄弟姐妹之间的情谊是超越其他关系的。

小的时候，兄弟姐妹一锅里吃饭，一床上滚，免不了磕磕碰碰，更多的却是相濡以沫，这是很值得珍视的生活经历。成年后，兄弟姐妹各有自己的工作、社交、家庭，有的甚至天各一方，但是在心底里，都不会没有儿时生活的美好回忆。因此说，能做兄弟姐妹一场，也是一种缘分，不懂得珍惜这种缘分是很令人遗憾的。

兄弟姐妹的关系较难处的是各自有了自己的工作、家庭之后。这时，由于不生活在一起，并有了更亲密者介入。或者父母老了、亡故等种种原因，许多事情以利害冲突的形式摆在兄弟姐妹的面前。这时候，兄弟姐妹之间最重要的是重情谊、讲风格，互相谦让、互相帮助、互相体贴、互相谅解，比如说父母的赡养问题，本来是兄弟姐妹人人有责，但是如果其中有一个经济上比较圈难，其他的兄弟姐妹能主动分担其应负的责任，这样不仅能解决其困难，也令做父母的心里感到温暖。又如对亡故父母的遗产分配，如果大家都能谦让体贴，给有困难的多一点，和和气气有商有量，在九泉之下的老人也会含笑的。有的人有了自己的妻子儿女之蛛，就置手足亲情于不顾，心里只盘算如何积聚自己的"小家业"，对兄弟姐妹的困难视而

不见，如同路人，对钱财问题斤斤计较、贪得无厌，甚至为争夺父母遗产兄弟反目、姐妹斗殴，实在令人心寒。这种人其实不明白，他失去的已远远超过了得到的，因为人间亲情，实在是千金难买的。

原则 15 师生之间要尺短寸长

师生间既有长幼之秩，又有同仁之谊。这种关系是除家庭之外的一种最亲密、最带感情色彩的关系。

从交际角度说的师生关系，主要指成年学生与老师的关系。有在正规学校里形成的师生关系，也有个人业余在社会上师从某方面专家、学者专攻某方面学问形成的师生关系，后者更带个人因素，关系也更亲密些。中国有"一日为师，终身为父"的古训，也有"师道尊严"的说法，说明尊师是中国人的美德。而搞好师生关系，关键则在学生是否尊师，如何尊师。作为学生，从老师处得到知识营养的无私给予，这在任何时候、任何情况下都应心怀感激，永远铭记的。这感激、尊敬之情表现在言行上，应是每次见面，都应首先称"老师好"，然后再恳切地求教。求教时态度谦和，举止端庄。对老师所讲的东西要专心玲听，认真思考。听完后若要提问题须反复斟酌，谨慎委婉。离开时要有礼貌地向老师道谢、道别。有的人对老师随随便便地以"喂"称之，听老师讲时大大例例地抠脚抓头、东张西望。提问题时胡搅蛮缠、咄咄逼人。离开时不打招呼、扬长而去，这些都是极不礼貌的、极无修养的行为，是极不利于从师求教的。其次，作为学生，要关心老师的生活、身体、情绪、需要。老师病了，要去探望，问寒问暖、送水送药；老师有困难，要去帮忙，搬煤买米，不吝力气；甚至帮眼力不好的老师抄稿子，帮腿脚不便的老师寄信，都是学生应乐于做的。做这些不起眼的琐事，绝无巴结之嫌，却有报恩之誉，有良知的学生都不应羞于这样做。再次，做老师的最关心学生的成长，所以学生也应把老师看作最知心的朋友。有了成果，应及时向老师汇报，让老师一起分享成功的喜悦，因为这成功也有老师的一份；遇到挫折或失败，也不妨同老师谈谈心、诉诉苦，老师一定会最理解你，最会替你分析原因，激励再战。

作为老师，"传道、授业、解惑"是其天职，应认真履行之，否则就失去

为师的根本了。除此之外,老师作为尊长,要从各方面关心学生,对学生要有责任感,讲究"师德"。比如学生请教,不能"留一手";学生有误,不能讥讽之;学生遇难,不可旁观之。只要执着于一点:对学生要像对自己的子女一样,这就尽到为师的责任了,搞好师生关系也就有基础了。

师傅和徒弟的关系,与师生关系大致相同。需要补充的是师徒关系往往比师生关系更密切。因为他们工作接触更多,相处时间更长,还有一定的生活联系。所以处理师徒关系,还应增加下列具体要注意的地方:徒弟应不怕苦、不怕累、不怕麻烦,主动多做一些力所能及的小事、琐事,比如擦机器、收工具、打开水、买饭菜等,让师傅觉得徒弟勤快、老实,从而愿多教其技术,徒弟若学得很快,或有时操作超过了师傅,也不能"饮水忘源",翅膀硬了就瞧不起师傅,这是道德问题;师徒双方若有矛盾或某些不和谐的地方,做徒弟的要主动迁就师傅,这也算是一种尊重。做师傅的,应欢迎徒弟胜过自己,并对徒弟有责任感,与人为善,把徒弟的健康成长看作自己的光荣。

原则 16 与异性交往要大方得体

有人认为,非家庭因素的男女之间不宜发展友谊,这不但有"瓜田李下"之嫌,也容易弄假成真,闹出有伤风化之事;但也有人说,交友不必计较男女,只要投缘,休管他人看法,我行我素,爱怎么交往都可以。

这两种看法都有所偏颇。的确,男女之间除了婚姻、家庭关系之外,应该而且也确实存在友谊交情。可以有网学之谊、同事之谊、师生之谊、朋友之谊。知果完全摒弃异性间的这种友谊,你的天地就会狭隘得多。但是,异性之间发展友谊与同性之间的友谊是有不同的,它应该是比较节制、比较理智、比较含蓄、比较持重,同时还应该有一定的社会内容,从而是必要的。若双方都比较浪漫,且没有学习、工作、爱好等方面的需要,纯粹是为了投缘,而且是为了玩而互相接近的,应该说有"瓜田李下"之嫌,且有一定的危险性。所以一般男女交际,应注意首先,对方若已有丈夫、妻室的,你们的交情最好让他们知道、参与,以示你们的光明磊落,以消除日后纷争之隐患;其次,男女间的交情,最好是因某种工作、学习、兴趣之需要自

然形成,便交往有内容,而不致因空虚而走邪;再次,对方需要是作风正派、举止端庄,有思想、有德行之异性,否则,与声名狼藉、作风放荡、不负责任的异性交往,即使你自信端正,人们也会根据"人以群分"之古训,将你们视为一流,令你"跳进黄河洗不清";最后,男子方面,忌不拘小节,举止粗俗;女子方面,忌贪小便宜,行为不检点。否则将会或陷入揽脸或自取其辱,都是得不偿失的。

只要我们注意这些细节,正常的男女交往,也是现代交际中的一文奇萌,会令你领略到另一番生活的芬芳原则17 与人交往

原则17 与人交往一定要讲究仪表

世上早有"人是衣服马是鞍"之说,一个人若有一套好衣服配着,仿佛把自己的身价都提高了一个档次,而且在心理上和气氛上部增强了自己与别人交往的信心。

聪明的你切莫怪世人的"以貌取人",人皆有眼,人皆有貌,衣貌出众者,谁会不另眼相看呢?

着装艺术不仅给人以好感,同时还能直接反映出一个人的修养、气质与情操,它往往能在对方尚末认识你或你的才华之前,向对方透露出你是何种人物,因此,在外在形象上,我们要适当地注意、修饰一下,这样在社交时,也许就会事半功倍,就更容易成功的进行感情投资,从而达到自己的目的。

1. 穿着的规则

穿衣服的讲究很多,合乎场合的打扮可以使你在社交上无往不利。

正式的工作环境中,自然应选择庄重、文雅的服饰。即使平常喜欢穿着随意、不修边幅的人,在庄重的社交场合也不应随随便便,那样会使人产生不尊重别人的感觉。

相反,在一些轻松、愉快的社交场合,或个人的业余文娱活动中,则可选择活泼、鲜艳、式样随意一些的服饰,使人感到富有生活情趣,不拘一格。

"佛靠金装,人要衣装。"斯言诚哉!

衣着对一个人的外表影响非常大,大多数人对另一个人的认识,可以说是从其衣着开始的。

被《时代》杂志誉为全美第一位服装工程师的约翰·莫莱认为,在服饰仪表方面,成功人士的保守、不逾越身份,并尽可能符合公司的要求,是通向成功的重要保证。

他曾经为机构的高层行政人员的衣着下了个规定,最适当的西装颜色是蓝色和灰色,咖啡色则不太好。

穿像样的衣服是让别人认真对待你的一种方法。

穿着与众不同,一定要和你所从事的工作和所在的单位相协调。不同的公司与公司之间,正确的职业服装标准是不一样的,要根据该公司经营的种类、产品或服务的性质、公司的位置、公司的历史与传统等等来确定。

什么样的服装被人接受,唯一的方法便是直接间这样一个问题:"这儿有什么着装规定吗?"再或者自己观察一下,当回侦探。还有一个屡试不爽的办法,站在电梯或者什么出口处,比较一下进进出出的人们的衣着形象,这比任何参考书都管用。

留意你的服饰相仪表吧,这并不是叫你穿上最流行的、最时髦的衣服,也不是让你保留最摩登的发型,只是请求你穿着使人有整齐、清洁之感,面颊或发型都很娴雅、自然、得体就行,至于衣服新旧等问题都是次要的。

2. 合适的衣着能增加对方的信赖感

装饰打扮可以增加自己的自信心,也能使对方产生一种信赖感。

也许大家都会有同样的感觉,要到一流饭店去赴宴会时,总会将自己体面地打扮起来,若是到一般商店、市场购物,则是一套轻便的休闲服。

其实,并不是每到一家一流的饭店,都规定必须西装草履,而是这些饭店的气氛和其他人的穿戴,会使你不得不注意自己的服装和仪容。

盛装赴宴,不仅仅是为了表现自己的礼仪而且也是为了不辜负酒店的豪华气派。所以,装扮仪容的行为,也可以说是一种预防被那种气氛吞没的心理武装。这时身上的衣装,已不仅是件普通的衣服而已,而是一种保护心灵的外衣。

质地好的服装,可以强化自我意识,达到与观光饭店平等的关系。

初次见面的对象,就象一流的饭店,只要你能将与对方建立平等关系

的"东西",加诸己身的话,便会大大增加自信,也让别人产生一种信赖感。

自然,人们对于盛装的人和不讲究仪表的人两者间的感觉是不会相同的。

美国有许多大公司对所属雇员的装扮都有"规格",所谓规格,自然不是指定要穿得怎么好看或指定衣料,而是"观感"的水准。衣服应合体、合时、合乎场合、合乎身份、合乎年龄等。

不只在美国如此,在世界各地都一样。如我国的几家保险公司中的业务员,他们在向人们推销保险的时候是不会穿得不三不四的。无疑,人们对于穿得整齐的人,总是较有信赖感的。所以,请你不要过分地嘲笑"先敬罗衣后敬人"这种风习。我们在进行社交时,应该重视一下现实,要推己及人,不然的话,便要遭受一些不必要的失败。

原则18 校园交友八"互"原则

1. 互学

朋友交往,自然会互相模仿,因为你不知不觉影响我,我潜移默化影响你。说明白了,这就是一种自觉不自觉的互学。

这里说自觉不自觉地互学,我们必须肯定,自觉互学才好,不自觉互学不好。只要是朋友,身上总会有长处;只要是长处,无论大小都值得我们互相学习。中国最早的思想家老子说过一句话:"乘众智者胜。"乘:利用。众智:大家的智慧。这句话的意思是善于利用大家智慧的人胜利。互相学习,很自觉地互相学习,这就是你"乘"我的智,我"乘"你的智,大家齐头并进,都在胜利的大道上快跑。

要打破一种观念,以为学习成绩优秀的人身上才有长处,学习成绩不优秀的人身上就没有长处。孔子说:"三人行,必有我师焉。"依我半个多世纪的学习和实践,根本不必三人行才能找到老师,就是二人行、一人行,都可以找到老师,向人家学习。重要的不是向谁学,而是发现可学的东西。只要能发现可学的东西,我不管你是谁,不管你现在优秀不优秀,我发现一点学习一点,拿来,拿来,多多益善。

为什么说一人行也能找到老师呢?我们不用跟人打交道,有时看看人家的作业本、笔记本,就可以找到很多值得学习的地方。就像逛商场,你不

一定要跟很多厂家的经销者交谈,你只要细心看一看人家的商品,比较比较,就能拜到老师,学到很多东西。

重要的是发现。发现朋友身上的长处,一点一滴、实实在在地学到手,我们就会更加珍重朋友。互学是友谊的基石。互学做得好,彼此的情感才会更加坚实地加深。而情感加深了,互学的引力就更强大了。

2. 互通

交友之后,首先是情感互通,接着是信息互通。信息互通有时比情感互通更重要。

青少年时期,我们最应该互通的是新的知识信息。这个时代是知识更新的时代。作为朋友,能够把自己最新得到的某一点新知识、新信息准确、快捷地传递给对方,不仅会帮助我们丰富对方的知识库存,而且还会促进双方的情感。在当代,不是"月亮代表我的心",那样的心太虚幻了,不实在。在当代,也不是吃喝玩乐那一套"代表我的心",那一套热闹一时,浮光掠影,也难留下不灭的记忆。在当代,最能"代表我的心"的是新的知识,新的知识才是真正的力量。把自己掌握的知识,作为一种信息传递给朋友,就是给朋友增添了一种立身处世,适应社会,发展自己,最终推进社会的力量。

近年来,竞争加剧,互相封锁信息已难避免。但是作为朋友就不应该封锁,而应该开放。信息是最活跃的,它一旦传递出去就会撞击更多的信息,形成丰富的多层次、多角度的信息反馈、交织成本体的信息网络。这对朋友是一种最有力的提高和推动。相反的,你封锁我,我封锁你,大家都抱残守缺,就都会在信息交流中孤陋寡闻,都会落后。信息一定要在交流中才有活力,才会发生撞击,才会裂变,才会释放能量。

只是在信息交流中要审慎、要严谨。不能让鸡毛蒜皮的小道消息混淆了我们的视听,不能让假冒伪劣的邪道消息蒙蔽了我们的心灵。尤其是女生,更要学会识别信息,学会筛选信息,否则在信息交流中越是积极就越坏事。

3. 互助

朋友互助,理所当然,还要不要慎之又慎呢?

我认识一对中学生朋友,他们一个生活自理能力强,学习自励能力弱,另一个正好相反。他们交上朋友后决定各自"取长补短"。好了,他们无

私互助,你生活自理能力差,凡是生活自理的难题出现,我包了。我学习自励能力不行,凡是学习的疑难一临头,你就来了,包教、包抄、包着考试递纸条。结果,他们短时间内确实心舒气爽,可是时间一长却问题成了堆。生活自理能力差的,更差了;学习自励精神低下的,变得更低下。

本来,取长补短是对的,但他们的"互助"不是取长补短。他们是以己之长去替他人之短,结果短就更短了。互助是应该取长补短的,但他们一定要"取",一定要"补"。自己有所长,要在互助中教朋友认识,然后教他"取",教他"补",最后让你的长成为他的长。如果在学"取"学"补"的过程中,能超"长",那就更好。这样互助,就能形成你追我赶之势,全面进步,共同提高了。

当然,做朋友,生活上互相关照是必要的。但它不是互助的主要内容。如果它成了互助的主要内容,那就降低了友情的档次了。

4. 互责

做朋友,能够互责是好事。如果一团和气,你好,我好,大家好,那就等于互助灌迷魂汤了。

因为是朋友,彼此长短知道得更清楚,互相指责一下,更有利于进步。只是要注意:尊重实际。实际不是那么回事,你指责人家,尽管一片好心,人家也难"有则改之,无则加勉"。最好的办法是允许朋友申辩。事实不符,你说。两个人像打铁一样,你一锤子,我一锤子,求得一个真相,进而明白一个真理。千万不能我说你听,你不听就是不虚心。如果说的与实际不符,朋友也不申辩,耐着性子由你指责,等你指责够了,他嘴上说声谢谢,心里丝毫不进,那就落入虚伪的泥坑了。

另外,指责朋友的时候,要选好地点和时机。不能因为"人赃俱在"就当众指责,来个墙倒众人推,让朋友陷入不能自拔的绝境。指责的目的是帮助朋友"治病",即使真该"开刀",也不必弄到大庭广众中来下手。一切得看效果。只是动机好,效果不好,动机的"好"就要打折。因此,弄清楚事实,指责朋友,最好选择对方便于接受的时间、地点进行。时间不合适,地点不恰当,应该欲言又止,忍一忍再说。很多时门宾,"冷处理"的效果会比趁热打铁好得多。当然, 如果朋友的行为已经到了应该紧急刹车的时候了,那就不能再犹豫,必须及时"熄火",让他避免大祸临头。这时候,救人要紧,就不必再顾及其他。只要朋友脱离危险,事后提起,他一样会万分感激。

　　这里有一种较为高明的指责值得学习。发现朋友有"病",当面不说,背后给他开个"方子",悄悄塞给他,让他对症服"药"。这种"药"常是一条名人名言。只要针对性强,又有启示心灵的作用,朋友"服了药"是会"舒筋活血"的。选择这种方式指责朋友,还可以起到一种互勉互励的作用。在选择名人名言的时候,我们不妨先走一步,学习了,思索了,自己没病也打了预防针了。

　　5. 互相激励

　　互相鼓励是朋友间常有的事。同道而行,一方落后就及时打气加油,让他跟上,继续并肩而行,这在人生旅途中是一幅多么动人的画卷。

　　这里需要提醒的分清是非,认清方向。有的青少年朋友是非不辨,香臭不分,常常互相怂恿,干些出格的事情。互励不是怂恿。怂恿,首先是目标错了。目标错了,还互相撑腰打气,冲锋陷阵,那结果只能使友谊变质,让一对好朋友变成狼狈为奸的一丘之貉。

　　还有的青少年朋友在互励时不考虑朋友的能力,把目标定得过分高远,使朋友屡遭失败,一蹶不振。鼓励朋友,首先要了解朋友。目标最好定在最后努力一下就能达到的水平线上。当朋友努力到最后,灰心了,丧气了,及时给他鼓励,让他拿出最后努力一下的行动。胜利往往就在这个时候到手。这样做,目标似乎不够辉煌,但是朋友的脚步是在步步攀升,只要再接再励,就会让人刮目相看的。

　　6. 互促

　　这里说的"促",可以理解为督促和催促。朋友最讲你追我赶,齐头并进,双双夺魁。这时候,任何一方的成功都会对朋友产生"促"的作用。怎么敢懈怠麻痹呢? 朋友都上去了,你能不分分秒秒较着劲地向前进吗?

　　最好的较劲就是明着来。你好,很好!但你小心,我马上就能追上你。走在前的对走在后的是一种"促",走在后的宣布一声我要超过你,对走在前的也是一种"促"。这是明着互促。明着互促,能产生一种极为良严的心态,你追我追不上,我还可以帮你一把。乐于帮助对手赶上自己,它本身就是一种对自己的促进。而且,这种促进非同一般,它发自内心,显得厚实、纯正、极富效率。

　　7. 互让

　　朋友在利益面前互让,在荣誉面前互让,都是高尚行为。我们常说"友

　　153

谊第一"的话。这话很响亮,但是真要做到不容易。在利益面前互让,在荣誉面前互让,还需要很大的气量啊!

当然,朋友也可能成为对手。对手就是要毫不相让地较量。这时候如果讲互让,你让我上前,我让你上前,大家来个"礼让三先",哪里还会出成绩,创纪录呢?这时候就对不起了,金牌只有一块,谁也不能让,只能拼了。这时候,你只有拼,才是对对手的尊重,对较量的尊重,如果有观众,这才是对观众的尊重。但是一旦金牌在手,"让"又得回归。这时候的"让"是谦让。有人采访冠军时,其常常不谈自己,而大赞对手。这其时也是一个扬彼褒己的策略。

毫不相让与大度礼让是交友中的两面,处理得好,面面生辉,方显出人格的勉力。

8. 互敬

朋友互敬,贵在得体。

有的青少年朋友因为互敬而彼此称赞,你好,我好,皆大欢喜。有时,跟别的同学在一起也不顾忌,仍对朋友赞不绝口,这很容易使别人心生嫌隙。如果他们赞扬得还实事求是,大家心生嫌隙,还不能不服。要是他们的赞誉离了谱,那大家的嫌隙就可能膨胀为鄙弃。这会使大家远离这对朋友,让他们遭到孤立,一点好处也没有。

互敬不要敬在口头,而要敬在心里。朋友有长处,你不用吹喇叭,大家都有眼睛,会看到的。你与其吹喇叭,不如用吹喇叭的气力来向她学习。有时,你吹喇叭一片真诚,可朋友受不了。你的喇叭声使她陷于腿忧的境地,让她手足无措,脸上挂什么表情都不好,这不是让朋友腿枪吗? 互敬不在一时,而在一生。互敬也不在言辞,而在互学的行动中。

第七单元 成功社交禁忌

禁忌1 与人交往禁忌

善于交际的人,总是尽量把自己的长处呈现于人们面前,给人留下一个良好的印象。但若清高自负,贬低别人,会使社交变得毫无意义。比如用旁若无人的高谈阔论,矫饰的表情,夸张的动作来表现自己,就会使人产生反感。还可以举出一些贬低别人的行为举止:对别人,特别是某位女性在社交场合独占鳌头,为众人瞩目,就流露出不屑一顾的样子;对有人言谈举止不大得体,或是某位女性服饰俗而不美,就显示出自己的优越感,对人技以鄙视的目光等等。

显现自己与贬低别人,其表现往往只是一步之差,关键在于把握自己一个适当的分寸。

有这么一些人,他们对别人有意见不是当面提出,相反总是在背后说三道四,周围的人几乎都让他们数落尽了。从道德修养的角度来看,背后说三道四,是一种非常卑劣的行为,它充分表现出一个人的平庸无能和不可靠,因此,好行此道者,除了满足其某种卑鄙的欲望外,所得到的往往是人们的冷眼和不信任。

特别对于一些女性来说,应热爱自己的事业,尊重自己也尊重别的女性,必须时时警惕,千万不要让自己染上这种危险的"嗜好"。

对别人有意见,最好当面提出,这往往能使你变得更加正直和诚实,还可以消除别人对你的戒心,并使人与人之间互相信任。

禁忌2 同学之间切忌发生冲突

在日常生活申,同学之间比较容易发生争执,有时会搞得不欢而散甚

至使双方结下芥蒂。因为人都是有记忆的,双方发生了冲突或争吵之后,无论怎样妥善处理,总会在心理;感情上蒙上一层阴影,为日后的继续相处带来障碍。所以,同学之间切忌发生冲突。

人们常用这么一句话来排解争吵者之间过激的情绪:有话好说,先消消气,这是很有道理的。据心理学家分析,争吵者往往犯有三个错误:第一,没有清楚明确地说明自己的想法;第二,措辞激烈、专断,没有商量余地;第三,不愿以尊重态度玲听对方的意见。还有一个调查说明,在承认自己容易与人争吵的人中,绝大多数说自己个性太强,也就是不善于克制自己的个性。

同学之间有了不同的看法,最好以商量的口气提出自己的意见和建议,使用得体的语言是十分重要的,应该尽量避免用"你根本不懂。""你总是弄不好……""你从来也不怎么样"这类绝对否定别人的消极措辞。每个人都有自尊心,伤害他人的自尊心,必然会引起对方的反感。即便是对错误的意见或事情提出看法也切忌嘲笑。要记住,幽默的语言能使人在笑声中思考,而嘲笑使人感到含有恶意,也是很伤人的。如果双方个性修养、思想水平及文化素质都比较高的话。做到不与人发生冲突并非难事。

禁忌 3 社交禁忌原则

一忌不诚。作为交往者,最忌讳的就是缺乏诚意。有的人在交往中虚情假意、浮躁、欺骗等,不是别有用心,就是敷衍塞责,再不然就是欺世盗名。这样缺乏诚意的人是永远交不到真正的朋友的。因为交往是双方的事,别人的诚意得不到回报,就可能以牙还牙,至少也会敬而远之,你就会自食其果。即使你一时得逞,过后人们仍会通过事实发现你在交往中缺乏诚意,终究会同你断绝来往的。

二忌不义。"义"指正义或义气。交往中的义气是应讲究一点的。苍的人在交往中缺乏热情和义气,为朋友别说"两肋插刀"就是"举手之劳"也不肯付出,长此以往就会弄得人际关系很淡、很冷,也就逐渐没有什么友情可说了。当然,现代意识所指的"义",更多地包含的是国家、民族的"大义",还包含做人的准则,做事的原则等。有的人只顾"朋友义气",不

讲道德原则,不顾政策法令,不管公共利益,这是重"小义"而忘"大义",是不明智 的。比如有的人明知朋友犯罪,但为了"义气"却对其纵容包庇。殊不知犯了"大义","小义"也保不住,其结果是害了朋友,也害了自己,所以交往忌"不义",更忌为小义"而忘"大义"。

三忌失信。人与人之间维持友谊,最重要的信条之一是讲究信誉。有的人对人轻易许诺,夸下了大话,过后又不能兑现。有的人不量力而行,目标定得太高,做不到只好任其自然,结果又是令人失望。其实,办不到的事宁可狠下心来拒绝对方,也不可大包大揽轻率承诺。轻诺比不诺更危险,不诺最多给人的印象是不肯帮人,而轻诺不仅玩弄别人的感情,甚至带有某些欺骗性了。所以,现代交往推崇"一诺千金",有的人甚至把它看为社交道德的一个重要标志,而反对轻易许诺,这是有道理的。

四忌泄密。人人心里都或多或少地藏有一些秘密,这属于个人隐私,知道人多了,就没有可保密的了。秘密有时可能会在知心朋友面前敞开胸襟,这是朋友对你的信任。你有责任为其保密,即使对方有时没有交待你要为其保密,你也应该自觉为其保密,以免辜负了朋友的信任。试想,如果有一个友人,把朋友告诉他的"悄悄话"公诸于众,可能引起不少人的风言风语,甚至会歪曲事实的真象,故意夸大其辞,这个"泄密"多令人懊丧!所以应该清楚,我们对朋友的隐私,男有替其分忧解愁的义务,却没有张扬的权利。"小广播"在哪里都是令人厌恶的。无意的泄密,应及时向朋友做说明、道歉,请求谅解。

五忌不美。交往中"美"是很重要的,"不美"不仅影响你自己的社交形象,而且有时还可能导致社交失败。"不美"一般有这么几种:一是语言不美。有的人口出秽言,或语出不雅、不礼貌、不谦虚,都会惹人反感。二是风度不美。如举止不大方、仪表不整洁、畏首畏尾、缩头缩脑、阿谈奉承、缺乏个性,都是难以给人美感的。当然,外在的美是内在美的自然流露,二者又是统一的。所以风度不美的问题应主要从内在修养方面去下功夫,然后配合以外在仪表的讲究,是可以美起来的。三是行为不美。有的人坐没坐相,吃没吃相,不讲场合,不拘小节;或在宴会上张牙舞爪、杯来盏去、东挑西拣、左右开弓、酩配大醉、丑态百出;或在大庭广众中,行为粗野,元老无少,先抠脚趾,再剪指甲,放屁打喷嚏,旁若无人。不知旁人早已心生厌恶,反感愤慨了,所以要想交往成功,"不美"是要禁忌的。

六忌不择。不择友者对对方思想、行为、语言等一无所知，或者根本就不想知。结果结交了坏人也不知道，或者被所谓的"朋友"出卖也只能干瞪眼。不择时者是交往中登门造访、聚会、约会等，不注意选择合适的时间，常在不恰当的时间里做"不速之客"，闲谈吹牛、滔滔不绝，也不管对方已在打哈欠，对方有事急着要出门等等。无端打扰别人，浪费别人时间是某种意义上的"谋财害命"。人人知道时间最宝贵，但有时在具体事情上会忘记这个原则，有时引起别人反感还不知道。

七忌弃旧。真正的友情是应该经得起时间的考验的。同时，假如你能做到不论时间流逝、世道风雨，不管你或对方的命运、地位发生了什么变化，仍然一如既往，保持纯真的友谊，那么，你的朋友将遍于天下。中国有句古话："穷易交、贵易散"，道尽了封建社会的世态炎凉，与之对比的是，历史上也有许多历尽艰辛、矢志不渝的动人故事。作为新时代的新人，在人际关系上也应建立新的道德观念。有的人交朋友喜新厌旧，尤其是当他感到有些旧友已经不能为自己所用，成了自己的累赘和包袱时，则弃友而去，这种做法是灵魂空虚和道德堕落的表现。同时，弃旧友的行为对你自己也是不利的。须知不仅"患难见真情"，富贵也是可以"见真情"的。据说农民起义领袖陈胜，他还没有得志时，颇有一些朋友，他也说过"苟富贵，勿相忘"的真心话。但当他成了拥兵10万的王者时，对这批"泥腿子"旧友就淡了，甚至发展到要"斩之"的地步。这样一来，老朋友愤怒，新朋友目睹此情此景，也感到他靠不住，于是敬而远之，他便成了"孤家寡人"。

八忌势利。如果你朋友很多，其中定有高低长短之别。不论朋友中其地位如何，皆应满腔热情，一视同仁。否则，如果你对朋友"尊卑有别"，对有地位、有本领的战战兢兢、百依百顺，而对一般地位的朋友却冷落敷衍，那就是对朋友的不尊重，也是对你自己的不尊重。在朋友之间，人格上应该是平等的。只要你能以平等、尊重的态度对每一个来访者、朋友、同事，那么"皆大欢喜"是可以办到的。要做到这一点，其实并不难。首先，你要注意扪心自问，你是否对人以地位尊卑来处理。对位尊者诚惶诚恐、百般照顾；对位卑者则爱理不理、照顾不周；或把"官阶"、"级别"的关系带到朋友场中来，那是会有人受伤的。其次，检查自己，是否以亲疏关系定冷热。对亲者热，对疏者冷是社交之大忌。事实上，跟你关系比较密切的人交往倒还不妨随便一些，而对平时关系比较一般的人则更应热情招呼、照

顾。再次，千万莫要按来访者所送的礼物多少来定冷热。人不能"贪"，"贪"必坏事。许多行贿、受贿就是因为"贪"而开始的。

总之，朋友是很可宝贵的，若为了某些小利而失去了你的朋友，那你是得不偿失的。

九忌粗俗。在交往场合，谦逊、有礼、文雅总是令人赏心悦目，充满好感的。相反粗野、庸俗、放肆总是令人望而生厌，避之则吉的。有的人以放肆为潇洒，以粗野为豪放，以庸俗为随和。有个别人在朋友的婚礼上，肆意捉弄新娘子，把新房搞得一塌糊涂，最后被赶出新房，双方都极不愉快。凡事都应该有个 " 度 " 的问题，在社交场合，失"度"即失礼；这是每个社交者都应明白的道理。

十忌小气。朋友之间、同事之间以及一切构成交往关系的人与人之间，摩擦有时是很难免的，肚量大的没问题，可以一笑了之；而肚量小的则有可能耿耿于怀，难以解释。其实，肚量问题是一个学识、修养的问题，也是自信与否的表现。三国时的周喻，因在军事活动中斗智败给诸葛亮竟活活气死，是足以引为教训的。

"忌小气"的内容还应包括这些方面：在钱财问题上不要看得太重；在社交活动中小事能忍则忍；不炫耀自己，尽量避免无原则的纠纷等等，此外报复之心、嫉妒之心也都是应克服的。

禁忌 4 说话时的禁忌

有的人口齿伶俐，在交际场上口若悬河、滔滔不绝，这固然是不少人所向往的。但是，假若"口无遮拦"，说错了话，说漏了嘴，也是很难补救的，故说话应讲究"忌口"。否则，若因言行不慎而让别人下不了台，或把事情搞糟，是不礼貌的，也是不明智的。因此，在与人交谈时必须注意。

一忌当众揭对方的隐私和错处。有人喜欢当众谈及对方隐私、错处，心理学研究表明，谁都不愿把自己的错处或隐私在公众面前"曝光"，一旦被人曝光，就会感到难堪而恼怒。因此在交往中，如果不是为了某种特殊需要，一般应尽量避免接触这些敏感区，免使对方当众出丑。必要时可采用委婉的话暗示你已知道他的错处或隐私，让他感到有压力而

不得不改正。知趣的、会权衡的人只须"点到即止",一般是会顾全自己的脸面而悄悄收场的。当面揭短,让对方出了丑,说不定会恼羞成怒或者干脆耍赖,会出现很难堪的局面。至于一些纯属隐私、非原则性的错处,最好的办法是装聋作哑,千万别去追究。

二忌故意渲染和张扬对方的失误。在交际场上,人们常会碰到这类情节,讲了一句外行话,念错了一个字,搞错了一个人的名字,被人抢白了两句等等。这种情况,对方本已十分腼腆,深怕更多的人知道。你如果作为知情者,一般说来,只要这种失误无关大局,就不必大加张扬,故意搞得人人皆知,更不要抱着幸灾乐祸的态度,以为"这下可抓住你的笑柄啦",来个小题大做,拿人家的失误来做取笑的笑料。因为这样做不仅对事情的成功无益,而且由于伤害了对方的自尊心,你将结下怨敌。同时,也有损于你自己的社交形象,人们会认为你是个刻薄饶舌的人,会对你反感,有戒心,因而敬而远之,所以渲染他人失误,实在是一件损人而又不利己的事。

三忌不给人留点余地。在社交中,有时遇到一些竞争性的文体活动,比如下棋、乒乓球赛等。尽管只是一些娱乐性活动,但人的竞争心理总是希望成为胜利者。一些"棋迷"、"球迷"就更是如此。有经验的社交者,在自己取胜把握比较大的情况下,往往并不把对方搞得太惨,而是适当的给对方留点面子,让他也胜一两局。尤其在对方如果是老人、长辈的情况下,你若穷追不舍,让他狼狈不堪,有时还可能引起意想不到的后果,让你无法收拾。其实,只要不是正式比赛,作为交流感情、增进友谊的文体活动,又何必酿成不愉快的局面呢? 在其他的事情上也一样,集体活动中,你固然多才多艺,但也要给别人一点表现自己的机会;你即使足智多谋,也不妨再征求一下别人的意见。"一言堂"、"独风流"是不利于社交的。

四忌参与对方的阴谋。对方数人密谋其事,你若参与意见,发表议论代为决策,这种情况很危险。因为这么一来,你因多说几句而成了他们的心腹。你虽然能谨守秘密,从不提此事。但若另有智者,猜得此事,对方疑是你泄密,这是无法辩白的。所以与人交谈,当涉及某些阴谋和某些隐私时,你最好装聋作哑,走开为好。千万不要图新鲜去打探、去参与某些阴谋,也不要去评说,免得惹祸上身。

五忌过早说深交话。在交往中,我们有时结识了新朋友,即使你对

他有一定好感,但毕竟是初交,缺乏更深切的本能性的了解,你不宜过早与对方讲深交、讨好的话,包括不要轻易为对方出主意。因为这很可能会导致"出力不讨好"。因为对方若实行你的主意,却行不通,好友尚可不计,但其他人则可能以为你在捉弄他,即使行之有效,他也不一定为几句话而感激你。故除非是好友,否则不宜说深交的话。

六忌夺人功劳。对方若自视甚高、踌躇满志,或者也确有一些能力,深恐功劳被你抢去。这时你讲话要注意,一定要当他的面宣扬他的功劳,以表明你并无抢功之意,令其放心,也就不会因防范而找你的岔子了。

七忌强人所难。有些事情,对方认为不能做,而你认为应该做;或者对于某事,你是箭在弦上,不得不发,而他却又认为不该做,或做不了。这时你不要把自己的意见强加到他头上。强人所难,是不礼貌、不明智的。

八忌说话不看时机。有的人说话时旁若无人、滔滔不绝,不看别人脸色,不看时机场合,只管满足自己的表现欲,这是修养差的表现。说话应注意对方的反应,不断调整自己的情绪和讲话内容,使谈话更有意思,更为融洽。

禁忌 5 欲拒绝对方的禁忌

当有人向你提出某方面要求,而你出于各种原因不得不拒绝他,这是较为难的。在这种情况下,不拒绝是不行的,但是拒绝的方法必须很巧妙。另外,有些事则是想说"不"时绝对忌讳的。也就是说,对方也掌握了一定的说服术,从某些弱点向你进攻,若不注意则容易被攻破。所以我们必须注意这些薄弱方位的防卫,也就是忌讳对这些方面的松懈,以保证"不"的顺利说出。

一忌接受对方的钱、物和请吃。生活中常有这样的事:原本想拒绝却被对方请去吃饭,"我们先吃饭,边吃边谈",结果答应了对方的要求;或因为对方送了礼而不便拒绝对方,而小有让步,最后让对方达到目的等等。中国有句老话是"吃了人家的嘴软,拿了人家的手短",且"共饮共吃"是亲密的象征,一旦成了"酒肉朋友",心理上有了负担,"不"字就说不出口了。所以你的职业、工作需要你按原则办事常需说"不"字。千万记住,不

能随便跟人吃吃喝喝、收受礼物,这应该是绝对禁止的,须知许多受贿犯法的人,就是从吃吃喝喝开始的,继而不能按原则说"不",最后毁了自己的。

二忌与对方套亲近。给人以"敬而远之"的态度,比较容易把"不"说出来并说得较好,或者说,对方试图与你套亲近时,你要保持头脑清醒,以免做了感情俘虏,给对方可乘之机。比如一般说来,见面一次就能记住别人名字的人,常容易与人接近,故此在交谈中不断称呼别人名字,并冠之以"兄"、"先生"等常产生亲近感,那么,反过来你想说"不"时便应杜绝这种亲密的表示,即对方的名字一概不提,这样加大对方心理距离,容易说"不"。还有谈话时尽量距离对方远些,使其不容易行使拍、拉等触动性的亲密动作,据心理学家研究,"触动"是很容易产生共同感受的,故想说"不"时应注意避免。另外,也最好不要触摸对方递出来的东西。东西也和人一样,一经"触摸"也会产生"亲密感",想要拒绝就不容易了。

三忌用借口来拖延说"不"的时机。有些人觉得不便说"不",便随便找些不值一驳的理由来暂时搪塞对方,以求得一时的解脱,这个方法并不好,因为对方仍可以找理由跟你纠缠下去,直到你答应为止。比如你不想答应帮他做事,推说:"今天没有时间"。他就会说:"没有关系,你明天再帮我做好了,事情就拜托你了。"又如你不想要对方想转让给你一件衣服,你推说:"钱不够。"那么对方会说:"钱以后再说好了。"就把你轻易应付过去了。或者你不愿意跟对方跳舞,推说:"我跳不好。"那么他一定会说:"没关系,我慢慢带着你跳好了。"因为这些都是小小的谎言,一经反驳,你定有所慌乱,"不"的意志便很难贯彻了,所以对付这种情况,你倒不如直截了当地用较单纯的理由明确地告诉对方:"你托办的这件事办不到,请原谅。""这件衣服的颜色我不喜欢,很抱歉。""我已经另约了舞伴,不能跟你跳,对不起。"等等。这样虽说显得生硬些,但理由单纯明快,不给对方有机可乘,倒可以免除后患。

禁忌 6 听的禁忌

听人说话是一种交往艺术。但有些因素影响人们好好听人说话,而一般人又往往忽略了这些因素,我们称之为"犯忌"。这种犯忌一般有以下几

种。

一忌分心。造成听者分心的原因有客观的、有主观的。客观的如屋内外的种种噪音、频频响起的电话铃声、接连不断的来人寻访等。主观上的分心如心中另有要事、情绪激动的余波末平、刚和人吵了一架、刚同另外的人有过一次令人兴奋的会见等等。不论是客观上还是主观上造成的分心，都会使你不自觉地显出心不在焉的表情，影响对方的谈话情绪。因此，听话者应尽量集中注意力，消除这些影响，专心听好别人说话，尤其是要克服主观因素的影响。

二忌急于发言。有些听话者经常打断别人的讲话，迫不及待地发表自己的意见。而实际上他往往还没有把对方的意见听懂、听完、听全，造成这种情况的原因是：骄傲自大、自以为是。这种人一听到某事或某种现象就轻率地下断语得结论，如对方谈到某个名人，便插上一句："他是我父亲的朋友呀！"唯恐人家不知道。或者对方谈到自己的一些成果，便马上想说："最近我也发表了一篇文章"，恐怕别人占了上风。另外总想谈自己感兴趣的事情，而别人的话题一旦不合己意，就频频打断人家，强迫人家把话题转过来。综上所述看来，打断别人谈话，实际上是一个修养问题。你同别人谈话时若常这样做的话，望你多注意你谈话的风度修养，以免影响你的社交形象。

三忌固持己见。有些人只能听和自己意见相同的人讲话，而听不得不同意见。这种拒绝听不同意见的人，其注意力就不能集中在逆耳之言的人身上，也不大可能同各种类型的人交朋友，并且在社交中常会造成不愉快。造成固执己见的原因之一是思维方式太固定，对事物的理解缺乏变通和灵活，对一些新的观点、思想、方法接受不了，有时甚至为一点小事不合其思维定势而大发雷霞。固执己见的第二个原因是对其他人抱有偏见、成见。比如认为对方太年轻、资历太浅、见识太少等而先断定对方不可能有高论，故在谈话中处处否定对方意见，固执于自己的意见，甚至完全轻蔑地对待别人说的话，造成极不愉快的交往结局。其实，固执己见的人拒绝倾所不同意见，实际上将使他自己失去许多获得真知灼见的机会，这是非常可惜的。

四忌举止失度。听人说话时不仅耳朵在听，而且要注意自己的风度形象，动作举止要端庄。比如边听边挖耳朵、剪指甲，向对方拍肩搭背，

边吃东西边听等等。举止失度会让对方感到你粗俗、无礼貌等,因此,举止失度也是社交场合的大忌。

五忌打探他人的秘密。在与对方谈话时,当他谈到自己的隐私和秘密时,你最好不要搭讪,否则你就得为其承担保密的义务。保密是很难做到的,所以为免麻烦,当对方一谈到自身秘密时,应故意岔开话题。另外,爱把秘密告诉别人的人,很难说他不告诉别人,一传再传,就无秘密可言,也很难说别人不会从其他渠道知道他的"秘密"。但他发现"泄密",他就有可能怀疑是你。为别人背黑锅,你又分辩不得,何呢?再说,为图新鲜、为图嘴快而爱听秘密,传秘密的人,多是浅薄之辈,何必与之为伍。思想充实的人对此道是不屑一顾的。所以别人的秘密,还是少打探为好。

禁忌7 与路人相处的禁忌

1. 切忌缺乏容忍、忍让精神。

由于性格、职业不同,与路人相处时首先会产生一种不和谐、不习惯的感觉,比如一个善谈的和一个不善谈的相处在一起就可能会感到不和谐。这时候双方一定要有点容忍、忍让精神,要认识到:人家只是与你的类型不同而已,而不能在自己与他人之间作对与不对的价值判断。

2. 切忌多谈对方不感兴趣的话题,要寻找共同语言。

同类型的人共同语言多些,反之则少。因此,不同类型的路人相处,为了融洽关系,不妨找点双方都共同感兴趣的话题来谈,不要让对方感到乏味。

3. 切忌傲慢,要多向对方学习。

也许正是由于人的类型不同,人们才可能从对方那里学到不少同类型人身上不具备的东西。对不同类型的路人表现出虚心学习的态度,不仅对自己有益,而且也是对人家的一种尊敬,有助于融洽路人之间的关系。

4. 切忌没有一点戒备心理。

尽管绝大多数人是好的,但也确实有极少数坏人会钻那些麻痹大意人的空子。因此,当没有把握的时候,不要轻易把旅行包交他人看管。女孩子外出途中。如果发现一些男子对你表示过分地殷勤、头脑千万不能发

热,否则可能产生不良的后果。保持一定的戒备心理是有益的。

禁忌8 年龄的禁忌

西方各国对于年龄都非常敏感,似乎他们都得了"恐老症",因而在与英美人士的交往中,打听对方的年龄、说对方老貌,都属很不礼貌的行为。中国的传统对于年龄向来比较随意,不仅如此,社会交往中还习惯于提对方的辈份,以示敬重。在与英美人士的交往中,按照我国的传统习惯,就可能使对方十分腿旭。

有位50岁左右的美国妇女来华访学,年轻的中国同行邀请她到家中做客。4岁的小女儿一见到客人就很有礼貌的用英语说:"阿姨好!"(妈妈跟她说过,见了成年妇女要这样问好。)妈妈一听,赶忙纠正:"不能叫阿姨,要叫奶奶。""不,不! 就叫我阿姨好了。"妈妈却坚持认为:"那该多没礼貌!您比我年纪大多了啊。"美国妇女一听就红了脸,笑笑说:"就叫我阿姨吧,我喜欢。"年轻的中国妈妈本意是表示礼貌尊重,效果却事与愿违,当面说人家年老,令对方十分尴尬。

禁忌9 问候时的禁忌

中国人表达对他人的关心,推崇"问寒问暖"、"无微不至"、"您吃饭了吗?"、"上哪儿去呀?"、"从哪儿来呀?"、"一个月挣多少钱?"、"家里几个孩子呀?"甚至打听"爱人是不是有喜了?"这一类的问候语,对方听了还特别受用。

这些话,放在英美人士身上,对方准闹个不愉快:"难道我穷得吃不起饭了吧?讨厌!""我从哪儿来上哪儿去关你什么事,是不是要跟踪啊?""干吗问我的工资呀?""这人真没教养,老爱打听别人的隐私! "

留学生在我国学习,老师也喜欢用关心孩子的语气同他们交谈:"这几天情绪不好,是不是想家了?""你头疼,看过医生了吗?""学习越是紧张,就越要注意锻炼身体啊!"这些话,中国学生听了心里热呼呼的。可是欧美学生听了却立即产生抵触情绪:"怎么,我又不是小孩,难道我不知道该怎么生活吗! "

禁忌 10 邀请时的禁忌

在北京的一位美国朋友对他的中方同事说："李先生，今晚我想请您吃晚饭，您想吃烤鸭还是涮羊肉？"李先生听了挺高兴，但又不好意思说他爱吃烤鸭，反而说道："咳，您干吗那么客气呀？大家都挺忙的，还得让您花那么多钱，真不好意思。以后我请您到我家吃饺子去。"美国朋友听了觉得李先生不愿意接受邀请，于是作罢，专等着上李先生家吃饺子。

而李先生呢，因为有约在身，错过了家里的晚餐，等着同美国朋友上全聚德吃烤鸭，等来等去不见人影，有点莫明其妙：这"山姆大叔"真有点不像话，怎么说好请我吃饭，说完不见下文了，还不是拿我开心吗？

按照中国人的行为习俗，接受邀请总要客气一番，或者先表示谢绝，看看对方是否真心实意。像李先生那样的客气是有涵养的表现，而美国朋友却误以为对方不愿意接受邀请。同样，中国人邀请别人时，也要一再坚持，以示真心。随口发出的邀请往往是一种客套，李先生邀请那位美国朋友吃饺子，实际上也是一种客套。由于双方不了解彼此习俗上的这种差异，结果都误解了对方。

禁忌 11 称赞与被称赞时的禁忌

对欧美人士来说，当面赞扬女性美丽是很自然的事，女性听了也是美滋滋的。东方民族不一样，中国人的传统是男女授受不亲。旧时当面说女性漂亮，往往被看成是挑逗，甚至今天人们也不习惯当面赞美女性容貌。在苏州，一位美国客人当着中国朋友的面赞扬朋友的妻子美丽性感，并送给她一尊精美的维纳斯裸像，最后以亲吻朋友妻子的手作别。结果主人恼羞成怒，大骂洋鬼子不正经，双方的来往就此结束。

中国人见面，爱说"好久不见，您发福了"，把发胖看作是有福分，不少官员更是以大腹便便为荣，这大概源于"民以食为天"、"有食便是福"的传统观念。欧美人士不一样，你赞美他长得胖，他只会认为是警告他节食，官员大腹便便更是大忌 连自己的体型都控制不了，何谈控制一个部门呢。

中国人对于赞美，总要谦虚一番。一位外宾赞扬一位中国小伙子："Your English is excellent！"（你的英语真棒！）小伙子答道："No, No, No! My English is very poor!"（不，不，不!我的英语说得还不好。）欧美人听了英名其妙，继而生厌："这人对自己的成绩，怎么一点也不自信！"欧美人士没有这种自谦，对于赞扬，一概"Thank you！"毫无保留地接受。

禁忌 12 体态语的禁忌

几年前，美国前总统布什对澳大利亚进行了堪称圆满的国事访问。可是，就在他走上舷梯，转身向友好的澳大利亚人告别时，他竖起了大拇指。这一手势对北美人来说是友好的赞誉表示，可是，澳大利亚人却视之为狠裘。由于文化的不同，这件事在澳大利亚沸沸扬扬了好几年。布什总统的手势语失礼，影响了他在澳大利亚的形象。以上例子说明，体态语言礼仪也忽视不得。对公关人员来讲，体态语言运用必须遵守一定原则，也就是符合一定的礼仪规范。

挑眉毛。在汤加国，双方交谈时此体语表示同意双方的谈论或对某种请示表示默许；而在秘鲁市场上表示"请您付款"；在美国则是男人见了漂亮女子时的反应。

眨眼睛。在意大利，熟人谈话时眨一只眼，表示对对方幽默的谈话的赞同；在科摩罗群岛的牧人中连续眨眼三次表示同意；而在澳大利亚，即使是友好地向妇女眨眼，也被认为是失礼的行为。

扒眼皮。在意大利、西班牙，谈话中用左手食指放在下眼皮上往下一扒表示提醒别人警惕或表示自己警惕；拉丁美洲则把这个动作看成殷勤和客气的表示；澳大利亚人却把这个动作当成蔑视他。

揪耳朵。在印度表示忏悔或真诚，在巴西却表示对某个物品的极度喜爱。

敲鼻子。在英国表示有秘密，而意大利把这个动作当成提醒别人注意。

用手指绕鼻子划圈。在美国表示某件事或某个人很好，哥伦比亚做此手势却表示某个人为同性恋者。

手指放在喉咙上。俄罗斯人的意思是"吃得太饱了",而日本人的意思却是"斩首"、"被炒铣鱼了"。

手指贴在嘴上。俄罗斯人告诫你"别讲话",而危地马拉的印第安人却鼓励你"继续讲"。

敲额头。如果你在荷兰,人们认为你有头脑时会敲额头。若是你在德国仍这么认为就错了,因为这说明你思想或行动不正常。在拉丁美洲,你被认为不正常时,通常是拉丁美洲人用不握紧的拳头放在下巴下面。

点头。点头在很多国家被认为是"同意"的表示,而在保加利亚、南斯拉夫和希腊,却要反过来,表示"不同意"。

大拇指和食指捏成一个圆圈。在巴西这样做被认为粗俗下流的动作,在日本却表示"钱";在法国却是"一钱不值"或"零";在美国这样做再伸出其余三个手指表示"OK",即赞扬和允诺;在希腊和俄罗斯又被认为不礼貌。

伸出食指和中指。第二次世界大战时,英国首相丘吉尔在一次演讲中使用了这个手势,从此,这种"V"字形表示胜利的手势便在欧洲迅速流行起来。但做此手势时一定要注意手心向外,否则就是让人走开,英国人则认为是伤风败俗。

胳膊伸屈。把胳膊伸屈在拉丁美洲国家和荷兰表示"有人偷东西"或把什么东西"拿走了",秘鲁人表示"请付钱"。

双手交叉胸前。荷兰人表示得意和骄傲,而裴济人却表示蔑视某人。

使用体态语言时,如果涉及到不同的民族、国家,一定要入乡随俗,了解清楚各种体态语言的含义,否则就会给开展工作造成很大障碍。

中东人不用左手把东西递给别人。

泰国人、马来族人认为头是神圣不可侵犯的,头部被人触摸是一种极大的侮辱。

在使用筷子进食的东方国家,不可用同一双筷子轮流夹拨食物,更不能把筷子垂直插在饭中。

印度尼西亚人忌夜间出门吹口哨,认为这样会把幽灵招引来。

禁忌 13 其他忌讳

在匈牙利,打破玻璃器皿,就被认为是厄运的先兆。

罗马尼亚人最忌过堂风,在公共场合如有人同时打开两边窗通风,就会有人出来干涉。

西班牙人忌妇人上街不戴耳饰。

随着开放形势的发展,中国人与外国人特别是英美人士交往越来越普遍,因此掌握一点与英美人士交谈时应注意有关事项,对于克服语言文化的障碍,促进交往的顺利进行,都是非常必要的。

禁忌 14 涉外禁忌

1. 数字禁忌

西方许多国家都不喜欢"十三"这个数字,"十三"号加"星期五"是不吉利的,所以"十三"和"星期五"不要凑到一块。据说耶稣被钉在十字架上是十三号星期五;又说耶稣是被吃晚餐时的第十三位人犹大出卖的;还说夏娃给亚当吃禁果之日就是十三号星期五等等。

日本人和韩国人都忌讳"四",原因是"四"与汉字"死"的发音相近。韩国军队甚至不设四军、四师、四团、四营、四连、四排、四班。

2. 交往禁忌

在拉美等国家,不要送与刀剑有关的物品作礼物;走路时不能与同性手拉手行走（避免同性恋之嫌）。

在伊朗,不要评谈婴儿的眼睛（谨防其被母亲出钱找人来挖"邪眼"）。

参加英美等国家的丧礼,不要大哭大闹。

同英国人交往，一不要系带条纹的领带；二不要对王室事务谈笑无拘;三不要笼统称对方为英国人,可以称"大不列颠"人。

参加印度人的丧礼允许人们捶胸顿足、号陶大哭。同印度、印尼、阿拉伯人交往,不能用左手与对方接触,也不能用左手传递东西。

同欧美人谈话不要谈论人家私事。如年龄、住址、收人、疾病状态等。同南美人交谈时,不得回避对方离得很近的脸庞。

在佛教国家或地区,不要摸小孩的头顶。

同东南亚国家的人交谈时,不要饶"二郎腿"。

3. 男女禁忌

法国人认为男人向女人赠送香水有"图谋不轨"之嫌。

英国人忌谈女人的年龄。

阿拉伯人不能向其妻、女问候。

4. 风俗禁忌

印度人不将孩子放在浴盆中(水是死水)洗澡。

沙特的甸蛮人之间交往是不许笑的,笑是不友好的象征。

很多西方人都不从梯子下面走过。

5. 饮食禁忌

印度教徒吃猪肉不吃牛肉。

信奉伊斯兰教徒吃牛肉不吃猪肉。

信奉伊斯兰教国家禁酒,认为酒是万恶之源。

伊朗人不吃无鳞、无缝的鱼。

6. 颜色禁忌

埃坂人忌黄色

埃塞俄比亚人忌淡黄色

卸度人忌白色

泰国人忌红色

乌拉圭人忌青色

比利时人、伊拉克人忌蓝色

南美人不喜欢浅色服装

欧美许多国家忌黑色(意味丧葬)

土耳其人忌用花色装饰房间(视其为凶兆)

巴西人讨厌棕黄色,认为人死好比黄叶落下。

7. 商标图案禁忌。

伊斯兰教徒禁用猪作商标

瑞士人忌用猫头鹰图案

意大利人不用菊花作商标

法国人忌桃花及其图案

英国人不用人像作商品装演

北非某些国家和地区忌用狗作广告

捷克人视红三角形为有毒标记

土耳其视绿三角为"免费商品"的标记

国际上把三角形作为警告性标记。

禁忌 15 民间禁忌

　　民间禁忌是民间长期积累、流传下来的,属于民间文化范畴,内容成分非常复杂。有的是迷信的,也有含一定的科学道理的,还有是约定俗成的处世道德和经验的,这些禁忌有民族和地域的差异。

　　语言禁忌。出于礼教、吉凶、功利、荣辱、保密等的考虑,当某种事物需禁忌时,就从语言上不提及,而用手指、目视、摇头、摆手表示,或用某种委婉的或某种别的语言代之。

　　一是称谓语的禁忌。我国汉族、藏族、布依族、哈萨克族、鄂伦春族、鄂温克族等,都有"子不言父名,徒不言师讳"的尊祖敬宗的习惯,对祖先和长辈的名字都不能直呼名讳。

　　对同辈人,一般称为兄、弟、姐、妹、先生、女士、同志、师傅等等。必须问到对方名字时则说"请问贵姓"。有些民族或地区的夫妻仍称"掌柜的"、"当家的"、"屋里的"、"做饭的",或按其子女的名字称为"某某的爹"、"某某的娘",避免直称姓名。外人称呼他们,则称"某某的男人"、"某某的女人",也是避免直称姓名。另外,给孩子起名字时,不能与祖先、长辈的名字同字同意。

　　二是凶祸语的禁忌。民间有"说凶即凶,说祸即祸"的畏惧心理,因而禁忌提及凶祸一类的字眼,以免因此而招致凶祸的真正来临。

　　"死"是人们最恐惧、最忌讳的字眼,千方百计的避免它。比如用崩、毙、卒、不族、逝世、过世、升天、老了、走了、牺牲、捐躯、光荣代替它。广州一带,还故意用"激生我"代替"气死我",用"笑生我"代表"笑死我",甚至对与"死"同音、谐音的"史"、"四"都忌讳。此外,也避讳拿生死的问题开玩

笑。以免弄假成真。

与凶祸直接或间接有关的词语,也在禁忌之列,比如乘船的人,忌讳说"沉"、"停"、"破"、"漏"、"住"、

"翻"。平时人们忌说"眉毛倒了"(音同"倒霉"),称"伞"为"遮"、"竖签"避免与"散"同音,称"苦瓜"为"凉瓜"避免苦难之"苦"字。广州一带,因为言的"空"与"凶"同音,还故意把"空屋招租"改为"吉屋反租",这一切都是为了求吉避凶。

有些数字在民间也有吉凶的区别。比如办喜事忌单喜双,凶事忌双喜单。各地在种种场合下的单数、双数的忌讳又有这样那样的区别,一般认为"三、六、九"是吉祥数字的象征,也有以"三"数为凶的。

三是破财语的禁忌。民间很重视财运,因为财运直接关系到人们的切身利益,故而旧时人们见面打招呼,爱拱手说:"恭喜发财",而忌讳说破财的话。尤其是过年过节,更要小心说话,以防犯忌。

广东一带,忌讳与"输"、"干"等字谐音的字,所以叫木鱼书为"月光赢";叫"丝瓜"为"胜瓜";叫"猪肚"为"猪润"、"猪湿"因忌讳"舌"的"折"谐音,称猪舌为"猪利"或"猪招财"。

江浙一带,逢年过节要书写"招财进宝"字样贴在门上以求吉利。但又因"财"字的"贝"字旁与"背"谐音,唯恐因此"背运",所以就把"财"的偏旁"贝"字有意写成"见"字,以图"见财"之意。

人们还常用"猪"、"狗"、"牛"、"驴"、"兔"等畜类来骂人,取"人同畜牲"之意。故平时便是忌讳在人前说这些动物,尤其不能同人相提并论,否则会伤害别人,引起斗殴。有生理缺陷的人,也认为嘲笑他的缺陷是一种亵渎行为,故而不宜当着秃头说"秃",当着跛脚的人说"瘸"等。

此外,一些行业也忌讳解犯其行业的词语。比如和尚忌说"秃驴",戏班、女巫忌人们直接提及"五大仙"(狐狸、黄鼠狼、刺猬、蛇、老鼠),而用其他称呼代替,尊为仙师,如直称其名,则是对行业的背叛,会受到天神的惩罚。

总之,民间语言禁忌很多,总的说来反映了人们试图避免某些不吉利的事情发生的心理,反映了人们趋吉避凶、趋善避恶等种种愿望。细分析起来,不少是有一定积极追求和生活哲理的,但有的也有迷信、唯心的消极成分。若从交际的角度说,我们则应尽量了解和尊重这些民间语言禁忌,尽量不去解犯它,尤其是同一些老人和到一些民族地区时更要注意,而且应把它们上升到礼节和风俗的高度来加以重视。

禁忌 16 民俗禁忌

民间的风俗习惯是长期以来形成的，其间的一些禁忌反映了礼法习惯的规约，或者道德风尚的规范，客观上是群体的干预，主观上是自我的修养。因此不管自觉与否，人们在交往中实际上都遵守着许许多多的习俗禁忌。

一是恶行禁忌。民间的所谓坏人坏事，一般都有其风俗、文化、伦理等较为恒定的标准，比如淫乱、偷盗、欺骗、赌博、酗酒、吸毒、斗殴、凌弱、妒忌、不孝、贪婪等都是人所恨、所忌的。古时候有三风十愆的忌行。现代民则奉行好人不入三场，即"赌场、酒场、杀人场"的信条。为忌不良行为，人们还相信和宣扬"善有善报，恶有恶报，善恶之报，如影随形。"这些禁忌归根结底是要求人们为人处世要抑恶扬善、从善弃恶，实际上反映的是一种社交道德。

二是嫌行禁忌。中国民间有许多为人处世的信息，是用以约束人的行为的。如："男女授受不亲"、"男女有别"、"小姨勿上姐夫门"、"寡妇门前是非多"等，都是用以约束人们在男女交往，方面的行为，以免遭人嫌疑，担心有不正当的性行为发生。又如："贫不串亲，富不串邻"，"贫串亲，易遭白眼；富串邻，易诬犯奸"；"瓜田不纳履，李下不正冠"，"小子不舀麻糖篮，闺女不看瓜菜园"等，都是用以约束人们在财物交往方面的行为，以免遭人猜疑自己行为动机不纯的。另外，中国人讲究"中庸之道"，凡事不愿走极端，故而又有"打人不打脸，骂人不揭短"、"和为贵"等信条来约束人们在人际交往方面的行为。

三是交友禁忌。中国古代有"孟母择邻三迁"的故事，民间一直都特别注意与人交往的选择。俗话说："跟着好人学好人，跟着巫婆学下神"，"近朱者赤，近墨者黑"，所以一定要跟好人来往，不与坏人来往。民间的"宁跟红脸的人打一架，不跟黄脸人说句话"等，反映着民间愿交好友；忌结恶人的良好愿望。

四是待客禁忌。除了有特别的禁忌，在特殊情况下忌讳有客来访外，申国民间在平时正常情况下都是非常好客的。俗话说："有理不打上门

173

的客。"如果待客不周，就会被认为是主人的耻辱。一些山区或少数民族地区尤其重视这一点。比如哈萨克族有"如果在太阳下山时放走了客人，就是跳到水里也洗不清这个耻辱"的谚语；低阵忌让过路的陌生人外宿，一定要请进家来住；禁忌待客无酒，有"无酒不成礼，说话不算数"的说法；土家族待客要用油茶并打上三或四个荷包蛋。此外，民间还有"尊客之前不比狗"，"当众不放响屁"、"客前勿动刀剪"等禁忌规约，都是恐对客人不敬而引起不吉的。

五是礼节禁忌。民间有许多礼节是一种约定俗成，供人们交往时使用。比如说宴客的座次，就是一种礼节。由于民族、时代、地域的不，座次的尊卑也有不同。但是一般来说都是以南向为尊，其余的宾圭则又是依顺序交替坐于左右上下访。宴客时一般忌子女上桌共餐，尤其是晚辈女性。待客的菜忌单数，喜用双数。又如到朋友家做客，一般习惯于午前专程拜访，若在午后日夕之前则显得不够敬重，是谓"残步"。一些少数民族，如哈萨克族、蒙古族、柯尔克孜族、塔吉克族等畜牧区民间往来多骑马，忌骑马至人家门口，因为只有报丧或不吉祥消息时才这样。一般应是慢步绕到毡房后面下马，再步行至门前，若有寨门，忌骑马人寨。进入人家房屋时，忌不通报而长驱直人。俗话说："不蹈无人之室，不入无人之门。"客到主家，忌东张西望、乱翻乱找，"客不观仓，客不观灶"即是。有些民族、地区还忌讳人们当面夸奖他们的孩子，当面数他们的牛羊数或夸他们的财产，认为这会招致不祥。

不论什么民族，礼尚往来都是一般的礼节，有"有来无往非礼也"之说，所以民间都是有来有往。但由于人们之间社会关系的不同，礼物常常有一定象征意义，所以赠物时也有一些禁忌习俗存在。比如低族日常生活中忌以辣椒、鸡蛋为馈赠品，因为旧时低族部落间交战常以送给对方辣椒表示宣战，复仇则选给对方鸡蛋。又如台湾民间忌送毛巾，因为俗话说："送巾，断根"，丧家常于丧事办完后选毛巾给吊丧者，用意在于让吊丧者与死者断绝来往。因此，平时忌送手巾，以免想起不吉的事。此外，送扇、送伞、送剪刀、送棕子等，都是类似的禁忌，都因其会引起不吉的联想而禁作馈赠品。因而在送礼时，适当考虑礼物的象征意义，取有一定吉祥色彩的东西作礼物，一般是比较好的。

六是受惠禁忌。民间忌贪利。一般来说，如果没有什么交情，或者没

有什么瓜葛,民间一般忌讳无故受惠。因为"吃人口短,拿人手短",将来自己还是要吃亏的,故又有"君子之交淡如水"之说。为避免自己受惠而使人受损和欠人家的人情,民间有许多俗约:"好借好还,再借不难","夏不借扇,冬不借火";甚至是亲兄弟,也要分清财产,"亲兄弟,账莫混";办红白喜事后,来帮忙的人要给封包,借用的东西归还时要"加封"等,都是一种偿还人情债,让人免遭不祥的方式。这些禁忌如不注意,则容易引起邻里不和,亲友反目。

七是冲犯禁忌。民间有些禁忌是源于冲犯观念,如俗称怀孕为"有喜",因忌"喜冲喜",孕妇禁忌接触嫁娶方面的事,不能参加和观看婚礼。"喜冲喜"忌讳还包括两个同时办喜事的互不能参加;孕妇和孕妇不能同睡一张床;孕妇不能进产妇的家,如果误进了,就应采取赔罪和补救的措施。"凶冲喜"也是不好的,故民间也禁忌孕妇接触丧葬方面的各种事。还有孕妇一般也禁忌参加祭祖,据说孕妇靠近神拿,会污染神地,冒犯神抵。以此类推,祭祖宗、入寺庙等都是不宜的。更有甚者,农村里办一些重要的事,如打井、上梁、建灶等,都忌孕妇参加和观看。据说,孕妇看打井,不是不出水,就是出苦水;灶有灶神,梁有梁神,被孕妇冲犯了,都是不肯善罢甘休的。巫事,更是孕妇禁忌接触的。

婴儿养护也有许多冲犯禁忌。如民间的一般庙会、打醮、道场、佛事、祭祖、朝拜等,禁忌让小孩参加,以免"犯冲"。民间许多到寺庙求过子的人家,真的生了孩子后,要到寺庙中去还愿,原则恼怒了"送子观音",会把婴儿再"收回去"的。

有些地方习惯在产妇门前挂蒸笼底、挂红布等,其意也就是告诫人们屋内有产妇、婴儿,外人不要随便进人,以免有"冲犯"之事发生。

民间习俗禁忌,是长期形成的,其间不少是有一定的科学道理和积极追求的。如对不良行为的禁忌,可作为一种道德舆论来趋善抑恶;忌孕妇参加祭事、婚嫁事等,也可起到让孕妇休息好的作用等等。当然也有一些纯属迷信,但作为一种民众心理的反映,总的来说,还是有一定存在的道理。掌握和尊重这些习俗禁忌,是很有用处和必要的。

最后必须指出的是,不论是谁,如果你能正确地认识交往的重要性,运用正确的方法和技巧,不犯禁忌,你就会受到社会普遍的喜欢和爱戴,不管你是与朋友保持和谐的关系,还是与新朋友建立关系,大家都期望同

175

你接近、交往。你与许多人保持亲密的人际关系。因此,你的交往范围比别人广,交往对象比别人多,出席公开社交场合机会也比别人多。你不愁交不到朋友,更没有孤独的苦恼,你的朋友遍天下。相反你就受到社会普遍的冷落、嫌弃。大家都迎避同你接触、交往。你与许多人的关系处于陌生、疏远状态。因此,你的交往范围窄,交往对象少,在公开社交场合抛头露面的机会更少。你经常感到不被承认、不拌理解和孤独的苦恼。在屡次遭到他人拒绝之后,你不得不自动退出"社会";一个人静静地呆坐在孤独的幽谷中,忍受着孤独的煎熬和痛苦。

第八单元 使用社交写作

写作1 邀请书的写作方法

邀请书,是指邀请对方参加会议、做学术报告以及宴丧葬的专用书信。

邀请书具有以下几个特点:

(一)虽然邀请书和请柬都具有邀请的功能,但请柬更具礼仪色彩、更隆重,通常适用于喜庆活动。而邀请书则较朴实,相对请柬来说更具事务性、工作性,其适用范围也比请谅更广。

(二)邀请书的书信体格式。邀请书在用语上比请柬随意,并且还要求有较详细的邀约内容,因此采用书信体的格式。

1.邀请书的写作

邀请书由标题、称呼、正文、结尾和落款五部分内容构成。

标题

标题部分通常只写"邀请书"字样。字体稍大于正文,标题的位置在第一行正中。

称呼

要顶格写被邀请的单位的名称或个人的姓名。即邀请书要写请主送对象。如"XX学院:"、"XX先生:"

正文

正文由主送对象、活动名日、活动时间、地点和方式等其它要求构成。

结尾

邀请书的结尾写上礼带性问候语或恭候语,如:"敬请光临"、"致礼"等。

落款

落款在正文结束后的右下方写明邀请书的落款,即邀请书的发文单位和日期。

2.要注意的问题

第一,邀请书要求行文简洁明了。语气恳切,同时要表现出对被邀对

象的热烈期望。

第二,务必事项周详。邀请书是被邀对象进行必要准备的依据之一,囚此各种事宜必须要在邀请书上显示出来,使被邀请人可以有所准备,也便活动主办的单位或个人减少意想不到的麻烦。

第三,如果被邀请者不熟悉活动举办的地点,则可在邀请书上详细写出地址的主要特征税乘车路线。

第四,邀请书须提前发送。邀请书要使被邀对象早些拿到邀请书,从而使他对各种事务有一个统畴的安排,而不会由于没有准备而来或拿到邀请书时已过期了而不能参加举办的活动。

3. 例文

邀请书

XX 学院

根据省委宣传部关于今年举行重太活动宣传的统一部署,我厅将举办"五月的鲜花"——纪念"五·四"运动 80 周年大型歌咏会,并由 XX 教育电视台等单位负责承办。本活动时间拟定于 5 月 2 日下午,在 XX 工业大学室外演出并电视直播。

因演出活动的需要,经编导与贵单位领导初步协商落实,今正式向贵单位发出参加活动邀请粥。请将回执单填好传真给 XX 教育电视台节节目编导组。因本次演出纪念活动为全省电视直播,恳请贵单位认真抓好节目的整体质量"节目审查时间为 4 月 20 日左右。具体事宜请与编导组联系。

联系电话(传真):8077ⅹⅹⅹ—33ⅹⅹ。

联系人:ⅹⅹⅹ、ⅹⅹⅹ、ⅹⅹⅹ。

另外,请贵单位领队及节目指导教师于本月 23 日(星期二)下午 2:00 到ⅹⅹ教育电视台四楼会议室参加节目协调会。

此致

敬礼

ⅹⅹ广播电视

(章)

19ⅹⅹ年 3 月 19 日

写作2 寻物启事的写作方法

寻物启事,是指单位或个人丢失东西后,希望他人帮助寻找而使用的应用文体。

寻物启事按照失主的身份可以分为两种,一种是由于个人遗忘或不慎将东西遗失而写的寻物启事,另一种是由于单位遗失了东西而发布的寻物启事。

寻物启事传播的形式很多,可以贴在失物地点、单位门口、大街上,也可刊登在报纸上,或者通过电视台、电台播发。

1. 寻物启事的写作

寻物启事一般包括标题、正文、落款三项内容。

标题

可以有两种构成格式:

(1)由文种名称和缘由构成。如"寻物启事"。

(2)由文种名和具体丢失物名构成。如"寻表启事"、"寻身份证启事"。

正文一般包括以下三层内容:

第一,是写清丢失物品的名称、数量、形状、质地和丢失的时间、地点等;

第二,是写上寻物者的单位、姓名、住址、电话号码、邮政编码等;

第三,由于寻物启事是求人协助寻找的,因此除文中写些表谢意的话外,还可以写明给予拾到者必要的酬劳之类的话语。

落款

落款部分要署上发文的单位或个人的名称或姓名,并署上发文的日期。

2. 例文

寻物启事

本人不慎于XX月XX日下午6时左右在团结湖附近遗失黑色小包一只,内有身份证、工作证等证件、证券公司磁卡以及带有指甲钳、钥匙、小刀的匙圈。拾到者请即电3248 x x x x或呼32456 – 83 x x联系,交还失物时当面重谢。

尚XX

XX月XX日

写作 3 征文启事的写作方法

征文启事是指报刊、杂志或有关单位面向社会,向作者征求稿件时所使用的征求性应用文。征文启事又称征稿启事。校园里也常有这类活动。

征文启事往往以有奖的方式进行,设若干奖项,并聘请教授或名家评选,这有利于推出一些新鲜、深刻的作品。另外,当代一些具有现代思想和公关意识的企业家也常常和一些报纸、杂志社联合主办征文活动,以此提高自己的知名度和美誉度。

征文启事一般分成报刊征文和活动征文两类:

报刊征文主要是一些报刊杂志为配合某项专题性内容的宣传,通常以征文的形式组织稿件,公开发出征文启事,向愿意参加征文的读者说明征文的有关事项(如主题征文启事、随笔征文启事、杂文征文启事、报告文学征文启事等)。

活动征文主要是一些社团、组织为推进某项事业,就一定的内容范围进行广泛的交流而开展的各种征文活动。如书面大赛征稿启事、服装设计大赛征稿启事等等。

1. 征文启事的写作方法

征稿启事的内容由标题、正文、落款组成。

标题

标题可有以下凡种构成方式。

(1)由事由直接构成。如"征稿"、"征文"。

(2)由文种名称和事由共同构成。如"ｘｘ文征文启事"。

(3)由具体内容、事由、文种名构成。如《中国名胜古迹大观征文启事》。

(4)由征文单位、内容、事由、文种名共同构成,如《XX 杂志社爱情散文作品征文启事》。

正文

征文启事的正文一般要写明以下四个方面的内容:

一是写明征文的目的、对象、用途、意义;

二是写明征文的题材、体裁、范围、字数;

三是说明有关事项(如起止时间、投寄办法,如对征文评奖还应写出

评奖的奖项、评委的名单、评奖的方法等);

四是写明征文单位的地址、邮编、联系人。

落款

注明发布征文单位的名称、发布日期。若标题或正文中已显示征文单位,此处可以省略。在报纸上发表的征文,也可不必再写年、月、日。

注意事项

第一,为了引起广大读者对活动的关注莉重视,在征文启事中一般不能省略本次征文的目的和意义。

第二,有关征求照片(图案)启事的写法、内容和征文启事基本一样,但往往将标题写成"征稿启事",且要结合征集对象的特点,对尺寸、色彩等提出具体、明确的要求。

第三,务必写清有关事项和征文的具体要求。

2. 例文

征文启事

校刊《新青年》将于明年初出版"青年读书心得专刊"10 期,为此特向全校青年征文。

征文内容:精读一本书的读书心得。

征文要求:

(1)一、二点心得体会,谈深谈透,不要面面俱到,蜻蜓点水;

(2)字数:800 字左右,不要超过 1200 字;

(3)体裁:读后感,不要写成记叙文、抒情散文和诗歌。

征文截止期:12 月 31 日。

征文投送地点:第一教学大楼 402 室校刊编委办公室内厂刊联系信箱。

奖励办法:1、录用稿件在校刊发表,稿酬从 2、录用稿件中评出 1 等奖 2 名,奖金 200 元奖金 100 元;3 等奖 10 名,奖金 50 元。

所有获奖稿件由校刊结集出版,另付稿酬,书 1 本。

校刊《新青年编辑》

10 月 5 日

写作 4 海报的写作方法

海报是向公众报知、介绍文体赛事、学术报告、沙龙聚会等消息时使用的一种非规范性文书材料。

例文一：

海报

为了提高广大同学的文艺鉴赏水平，特邀请 XX 大学著名教授 XXX 来我校作"文艺鉴赏纵横谈"讲座，欢迎大家踊跃参加。

时间:x 月 x 日下午 2:00

地点:本院小礼堂

XXXX 大学学生会

19XX 年 X 月 X 日

例文二：

XX 电影院皇后厅开业
每日通宵电影展示中外名片
伴君互度良宵欢迎各位光临
4 月 11 日 ~15 日,夜 11:30
联系电话:56XXXX

写作 5 求职信的写作方法

求职信，是指无业、待业或停薪留职人员有向有关用人单位申请工作、职位的专用书信。求职信不同于私人的书信，它可以让该单位了解自己、相信自己，并录用自己。求职信也不是平级国家机关之间商洽公事的函。总之，它是一种私对公并有求于公的专用书信。

一般来说，就求职者身份不同，有以下三种分类：

毕业生求职信

我国每年有大量的各种类型学校（大、中专生和各种职业技校）的毕业生，这些学生的就业大多靠自己联系去，寻求合作的用人单位，而联系用人单位最主要的方式就是给对方写求职信。

待业或下岗人员的求职信

我们将非学校毕业的许多将参加工作的人称为待业者，他们求职大都也主要靠发求职信的方式向有关单位介绍自己，以谋求工作。

当前，人才市场的激烈竞争，便劳工重新组合，因此出现许多的下岗工人。除了进行相应的技能培训外，他们还得学会如实地把自己自荐给有关工作单位从而求到新的工作岗位，因此求职信对他们再就业来说也是极其重要的一个工具。

从业人员求职信

一些从业人员由于岗位不适应，或学无所用，潜能不能发挥，或为了谋求更好的职位，也会向有关用人单位递交求职信谋求新工作。在岗人员在这种状况下所写的求职信，我们称之为从业人员求职信。

1. 求职信写作方法

求职信由标题、称呼、正文、落款四部分组成。

标题

求职信的标题在首行正中，写上"求职信"三字。

称呼

称呼要顶格写上求职单位的相关领导或具体负责人的姓名和称呼。有时也可直用其职务进行，如"尊敬的 XX 公司人事部经理"，称呼后要加冒号。

正文

(1)开头:先写问候、寒暄之语。然后写一句自我介绍的话语,最后写有关事项。如果称呼写的是党委、人事处等机关集体,就不写诸如寒暄、问候的话。

(2)主体:求职信的主体部分要针对有关用人单位的招聘广告或求职者了解到的有关信息,介绍自身的优越条件,即所谓"自我推销",尽量找出客观与主观条件相一致的地方,要注意扬长避短。

主体的语言要简洁,必要的数据最有说服力,把定性的介绍却定量的介绍搭配好,效果会非常好。总之,该部分的详略要处理好。

(3)结尾:强调求职者的愿望要求。如热切盼望贵单位肯定的答复或盼望贵公司的录用通知或希望给予面试的机会等等。

落款

落款,在正文的右下方,签上求职者的姓名及推荐信成文的日期。

2. 要注意的几点

求职信要如实地、客观地评价自己。求职信是通过自我介绍的方式,向相关用人单位推荐自己的。用人单位主要根据求职信的内容来了解和衡量才能,如实客观地评价自己的能力、才能、特长,不仅是对自己的负责,也是对该单位的负责。这样被录用后,才会给今后的工作带来好处。

第一,求职信的篇幅不宜过长、语言要简洁、行文要自然流畅。

第二,求职态度要诚恳、谦虚。求职信是希望用人单位能聘用自己,因此写求职信态度要热切而诚恳,不可浮夸,言语狂妄,否则会对自己成功的求职不利。

3. 例文

求职信

XX大学人事处负责同志:

我是一个渴望得到用武之地的在职人员,女,22岁。一年前我从浙江大学教育系学校管理专业毕业,由国家分来本市,后由市教委分配到市直机关幼儿园当了幼儿教师。一年来,在用非所学(所长)的岗位上已耽误了许多宝贵时光,这对国家对个人无疑都是损失,故本人渴望要寻找一个能发挥自己所长的地方。

现将本人情况略作介绍:本人能力方面长于语文学科,高中时以108分单科为高校录取,在校期间曾在省报发表过小说两篇,在光明日报发表大学生暑假调查报告一篇,曾获学校硬笔书法赛二等奖(正楷)。以前曾被币直X机关借用做文字工作,写过多种计划、总结、报告,为X副

市长的电视讲话写过讲稿。另外,我的英语学科一直是中学大学期间的强项,成绩名列前茅。大学三年级时在省级刊物上发表过翻译作品两篇。大学四年级时通过了国家英语四级考试。由以上情况,本人适合担任秘书工作或外语公共课教学工作。

负责同志,我完全有把握地说,如果你们能让我担任以上两个方面的工作,定会让你们满意。我自己也定将珍惜这来之不易的工作。

此致

敬礼

张 XX 敬上

XX 年 X 月 X 日

写作 6 申请书的写作方法

1. 申请书的特点

申请书,是指个人或单位集体向组织表达愿望,向团、机关、单位领导提出请求时使用的一种应用文书。

申请书有以下两个特点。

(1)书信体格式。申请书是专用书信的一种,其写作应按照书信格式来进行。

(2)个人对组织的行文关系。申请书是一种专用书信,但一般书信都是私人之间通信。而申请书则是个人向组织"发文"。

你
应
该
具
备
的

2. 申请书的分类

（1）日常生活方面的申请

人们在日常生活中,常常会遇到许多问题,需要个人申请才可以被单位组织、集体考虑、照顾或着手予以解决,诸如申请福利分房、结婚申请、个人申请开业或补助申请等。

（2）学习工作方面的申请

在实际工作中求学所写的申请,如工作调动申请书,入学申请书等。

（3）思想政治方面的申请这类申请通常用于加人某些进步的党派或团体。如申请加入共产党、共青团、少先队、工会等。

3. 写作方法

申请书通常包括标题、称呼、正文和落款四部分。

标题

申请书的标题一般由以下两种方式组成:

(1)申请书单独由文种组成。如《申请书》。

(2)申请书由事由、文种构成。如《人团申请书》、《关于要求加人中国共产党的申请书》。

称呼

在申请顶格写上受文组织的称呼。

若顶格不写,则结尾处谊以"此致"带出受文组织的称呼。

正文

正文通常由申请的事项、理由、具体要求和结尾礼貌用语等部分组成。

a、住房申请书

(1)住房申请书内容的安排要做到秩序井然,首先写明申请的内容,再写为何申请,最后写明本人的具体要求。

(2)自己的申请住房的理由写清楚明白。

(3)还可以简要写明本人以前申请住房的情况,以表明自己确实存在困难。

(4)结尾要委婉的提出本人希望解决住房的强烈要求。署名时要写上本人所工作的具体部门,以免出错。

b、入学申请书

主要写明申请人学的原因,是申请书的核心部分。

　　正文的开头从称呼下行空两格处写起。正文中要叙述原来的学习经历,原来休学的或需转学的也应写明具体情况。另外,还需将自己要在该校的计划及具体人校要求写出来, 这样可以使该校恰当地安排你学习的级别和专业。此外,正文还可以表明自己能保证好好学习,以期盼校方可以非常乐意接受你人该校学习。正文最好分段写,力求做到有条有理。

　　c、困难补助申请书

　　阐明自己申请的原因,如自己的生活、家庭负担、下岗情况等一些实际困难都写出来,正文部分写作条理清楚,有凭有据。最后还要提出自己的强烈希望或写出"特此申请"四字。

　　d、人党(团)申请书

　　申请书部分正文要从接受申请书的党(团)组织名称下一行空两格处写起。写作时往往先要介绍一下个人的实际情况、个人经历、家庭成员及社会关系等情况。接着,要写明申请人党(团)的动机、原因、对党(团)的认识以及自己的决心和行动等。介绍个人情况可以简单些,而把重点放在人党(团)的动机、对党(团)的认识以及自己的决心和行动上。

　　一般篇幅较长,可以分段书写。

　　e、辞职申请书

　　正文是申请书的主要部分,正文内容一般由以下三部分组成:

　　(1)要写明申请辞职的内容,让单位领导或负责人一看便知。

　　(2)接着陈述自己提出申请的原因。要求将有关辞职的具体情况相原因详细列举出来,但要注意内容的完整性和单一性,条理清楚,使人一看便明白。

　　(3)之后提出自己辞职申请的决心和具体要求,希望单位领导解决等事项。

　　落款

　　落款要写署上申请人的姓名及书写申请书的年、月、日。

　　4. 要注意的几点问题

　　写申请书时应注意以下事项:

　　第一,阐明自己申请事项(如人党、住房等)的理由时务必如实客观,不可夸大,不然可能导致相反的结果。

　　第二,申请书行文要自然流畅、语言简练。篇幅可长可短,写作时根据

具体情况来定。但切忌废话连篇。

入团申请书

团支部：

我今年刚跨人青年时期。青年时期与少年时期的兴趣、要求不一样，我越来越觉得共青团是适应青年特点、帮助青年健康成长、发挥青年作用、团结教育广大青年群众的先进青年组织，是学习共产主义的学校，是中国共产党的助手。我申请人团，请团组织帮助、考察。

我对团组织是逐步有所认识的。记得我上幼儿园大班的时候，一天中午，大姐兴冲冲地跑回家，一进门就对妈说："妈，我加人了！"妈问她："加入什么了？"大姐有些羞涩，回答说："人自了。"妈一听，高兴得合不拢嘴，连声夸："俺闺女有出息，成了先进青年了！"再看。大姐，脸笑得像开了一朵花。妈和大姐说了半天，我也没闹清什么"团"，什么是"先进青年"。我问太姐，大姐没有正面问答，只是让我看她胸前戴着的一枚徽章。那徽章金光闪闪，申间有一个光芒四射的红太附图案，一面有一颗黄色五角星，五角星周围环绕黄色圆圈的红旗正迎风飘扬，下面有五个字。我只认识"中"、"共"两个，周围还有齿轮和麦穗。我问大姐这是什么，她说这叫"团徽"，是共青圈的象征。我还是不懂，一连串提了好多问题，姐姐耐心地做了解答。听了半天，我似懂非懂。不过，我觉得共青圈是个好组织，不然大姐为什么那么高兴，妈妈为什么要夸大姐有出息？我缠着大姐带我入团、大姐和妈妈部笑了，说我还小，到14岁，进人青年时期，才能申请入团。那一沈，在我幼小的心灵里产生了一个美好的理想：长大后要像大姐那样，做一个有出息的先进青年，成为共青域组织的一个成员。

我在上小学时，加入了少先队。在辅导员的教育下，我懂得了共青圈昆先进青年的群众组织，它在党的领导下，要对团员、青年进行共产主义教育，要用马列主义、毛泽东思想和现代科学文化知识武装圈员、青年，所以它是共产主义的学校。共青团是党的助手，它圈结在党的周围，为实现党的纲领、路线、方针、政策而奋斗，带领着青年向共产主义前进。

在中学，我受到了更多的团的教育，看到许多大哥哥、大姐姐加人团的队伍，他们在各方面的表现比人圈前有了更大的进步。我向他们学习，

严格要求自己，争取早日具备团员条件。视在，我更加明确了共青团员的先进性就在于听党的话，事事带头，处处起模范作崩，自觉地把自己的一切和共产主义事业联系起来，做好党的助手。

我恳切地希望团组织帮助我，考验我，使我早日加入共青圈组织。

此致

敬礼

申请人

X年X月X日

写作 7 决心书和保证书的写作方法

决心书、保证书是指个人或集体向上级领导组织表示决心、表明态度、作出保证时使用的一种应用文书。

决心书、保证书具有以下特点：

（1）书信体格式。它们都属于书信、因此具有书信格式。

（2）公开性。决心书可以对外公开张贴、登报以示自己的决心。

（3）决心书和保证书都是对完成某事或某项任务的主观意愿表示，但保证书不仅要保证按时或提前完成即将开始的工作，还要表示保证改正以往的错误行为并保证以后不再犯同样的错误。

决心书根据发文对象的情况分为以下两类：

a、个人决心书

个人决心书是以个人的名义向上级领导、组织表示为完成某项工作或任务、响应上级号召从而表达自己完成任务的坚强决心。个人决心书不

向社会公开,而只是面对领导或组织。

b、集体决心书

当遇到特殊的困难,重大的情况,艰巨的任务时,一些当事的单位或集体就会以决心书的名义向社会各届和上级领导或组织表明决心,同时也可达到更好地团结本单位人员,齐心协力搞好工作的作用。因此,这类决心书是以集体的名义发出的决心书。

1. 决心书的作用

(1)充分调动大家的积极性

号召要有人响应,要有人去做;任务也需要依靠群众。决心书、保证书的作用是发动群众、调动大家的积极性,发动大家想办法动脑筋,制定应变措施,保证上级号召的顺利落实,形成众人拾柴火焰高的局面。个人或单位通过写决心书、保证书,可充分加强责任心,发挥主观能动性,想方设法、身体力行地按照所定条款尽力完成好任务。

(2)有约束的作用

决心书、保证书虽然不具有法律效力,但是,由于保证书、决心书是个人、单位或集体自愿订定,而且要求上级领导和群众进行指导、监督、检查,因此制作保证书和决心书的个人、单位或集体要自觉地在履行所定条款,保证条款的落实和任务的按时和顺利完成。契约、诉讼、调解中所提出的保证和决心,与法律紧密联系在一起,因此其约束作用非常大。

2. 写作方法

决心书通常由标题、称呼、正文和落款四部分组成。

标题

标题通常单独由文种名称即"决心书"字样构成。

称呼

在标题下空两行顶书写称呼,要写决心书送达的团体单位、组织机关的名称或个人的姓名。称呼的后面要加上冒号,如"公司领导:"、"尊敬的XX 校长:"等。

正文

决心书的正文包括事由、决心和结尾等部分。

(1)事由。简写表决心的原因。

(2)决心。决心部分为了写得清楚,可以分条列项写明决心、做到的

主要目标及实现目标的具体措施。

（3）结尾。再次表示自己的决心,也可以用礼貌用语结束正文的写作。

落款

两种文书的落款都写在全文的右下方,要署上写决心书、保证书的个人或单位的姓名或称呼。若是单位或集体所写决心书或保证书还可以视情况加盖公章,并署上成文的时间(年月日)。

3. 要注意的几点

第一,决心书、保证书要讲事实。决心书、保证书务必做到切实可行,也就是说决心分条列项的具体内容要实在,不哗众取宠,一切都是为了方便今后的顺利实施并完成任务。

第二,要交代具体。即保证书要写明保证何事情,做到何程度,有的还要交代在何时完成;决心书则要写为何事情定决心,做到何程度等。

例文一:

决心书

院领导:

在度过四年学生生活之后，我面临着人生的一个新的转折点——毕业分配。四年来,在老师的辛勤培育下,在 院系领导的亲切关怀下,我学到了诗多知识,掌握了一些建设祖国的本领,更重要的是我懂得了应怎样走人生的道路。视在,我就要离开我的母校了,我心潮起伏,难以平静,是国家将我从一个不懂事的孩子培养成大学生，将我这个无知的农村孩子造就成国家的有用人才，我该怎样去报答这哺育之恩呢? 我为此苦苦思索,我觉得目前的毕业分配是衬每一个同学的一次严峻的考验,为了让领导、同志能明白我的寸草之心,我在此特向领导表示我的决心:

一、坚决服从学校的分配,不拉关系。不找"后门",不干扰学校的毕业分配工作。

二、毕业前安心学习,争取多掌握一些知识和本领,为以后的工作打下坚实的基础。当前要将主要精力放花毕业论文的写作上,尽最大可能写出高质量的毕业论文。

三、恳请学校领导能将我分配到祖圈的边疆去,让我用青春的火焰去燃烧那丰饶而又荒漠的土地吧!

191

XXXX 学院 XX 系 82 级

学生赵 XX

1986 年 X 月 X 日

例文二：

保证书

共青团中央委员会：

正当我们伟大祖国的城市和农村进入社会主义建设高潮的时候，我们温州和海门的 262 个青年人，怀着极其光荣而又兴奋的心情，响应祖国增产粮食和发展海洋水产品生产的号召，志愿到大陈岛垦荒。我们的志愿得到了党、国家和青年团的关怀和支持。团中央派人来祝贺并授旗，给了我们极大的鼓舞和力量。今天，我们就要出发走上这光荣的岗位。我们决不辜负您们的希望，有信心、有决心、有勇气把伟大祖国的大陈岛建设得更美好。现在谨向您们提出以下保证：

一、坚决克服一切困难，只有前进，决不后退；一定保持团中央给我们题的"建设伟大祖国的大陈岛"的荣誉。我们一定要在那里定居下来，安家立业。

二、我们要把被敌人破坏过的大陈岛建设成美丽的乐园。我们一到那里，就要投入生产，争取时间，把 1600 亩生荒和熟荒地翻过来，种上番薯；在五个小岛上办起牧场，饲养猪、牛、羊、鸡等。发展渔业是祖国人民所需要的，我们一定要学会捕鱼技术，我们还要植树造林，绿化岛屿。

三、要努力学习。现在，我们还是生产的外行，但我们一定要在短时期内学会劳动本领，掌握生产知识，并利用业余时间来学习文化和政治，使我们成为会劳动有知识的人。

温州青年赴大陈岛志愿垦荒队全体队员

1956 年 1 月 29 日

写作 8 检讨书的写作方法

检讨书通常称检查材料，是检讨人就工作中出现过失向组织递交的反省错误、表明态度、总结教训时所使用的。

检讨书系个人在违犯了某一社会公约而造成了不良影响和损失时，意识到错误而写的，以用来反省自己失误，总结教训。它在个人犯了较严重的错误时使用，在犯小错误就写检讨是不合适的。检讨书表明自己对错误的深刻检讨，表明了自己知错能改的态度，同时也是自己对组织和单位的一种庄严的保证。

1. 写作方法

检讨书的格式一般由标题、正文、落款三部分构成。

标题

检讨书的标题一般是在首行居中写上"检讨书"三个字，字体要大些。

正文

检讨书正文通常包括以下内容：

首先，把犯错误的基本过程写清楚，叙述过程中要写明前因后果。同时要认识到自己所犯错误的性质、后果以及危害性，进行深刻的反省。

其次，在反省错误的基础上，表明今后改正的决心和具体可行的改正方案，以便有关单位和群众的监督执行。

落款

落款一般需写上"检讨人"三字。然后才在其后写上自己的姓名，最后写日期。

2. 注意事项

第一，写检讨书心态要摆正，对自己的错误坦白承认，对自己所犯错误要深刻反省。只有如此，才能使自己洗心革面，悔过自新。

第二，检讨书的语言要求感情真切，行文流畅自然，所写的改正方案切实可行。

写作 9 介绍信的写作方法

1. 概述

介绍信,是指机关单位、人民团体、企事业单位派遣工作人员到有关单位接洽事项、处理公务的专用书信。

介绍信大致分为以下三种类型:

第一,书信式介绍信用一般公文纸书写。

第二,成文带存印刷介绍信,铅印成文是留存根。

第三,铅印成文。不留存根即为印刷介绍信。

2. 基本格式与写作

介绍信由标题、称呼、正文、结尾落款五部分构成。

标题

首行正中写"介绍信"三个字字体要写得大些。

称呼

写清楚所联系的单位或部门在标题下方左侧顶格。然后在称呼后用冒号。

正文

正文部分另起一行,空两铬起写介绍信的内容。首先说明持介绍信,的姓名、职务、年龄、政治面貌,然后写明要接洽的事项以及对接洽的单位或个人的希望。

结尾

结尾要写上"此致——敬礼"等祝愿和敬意的之类的话。

落款

写上本单位名称以及开出介绍信的日期,并要盖上公章。

3. 注意事项

第一,要真实填写持介绍信人的具体情况,不伪造和使用冒名介绍信。如果被介绍人不只一人,那么必须注明人数。

第二,写明白所接洽办理的事项,不要写与接洽事项无关的内容。介绍信要简明扼要,不宜太长。

　　第三,如果涉及到保密范围的内容写明联系人的政治面貌、职务等。

　　第四,介绍信必要时要标明有效日期。留有存根的介绍信中间有问缝虚线,虚线部分有编号,在这的编号应与标题下方的编号相同。加盖公章的虚线与编号之间。

　　第五,介绍信书写要工整,不得涂改。如有涂改要在涂改的地方加盖公章,不然此介绍信将作废。

　　第六,一份介绍信只能填写一个单位。

　4. 例文

介绍信

介绍信(存根)XX 字 XX 号

XX 字 XX 号 X X X:

　　XX 等 XX 人前兹介绍 XX 等 X 位同志前往 X X X 办理 XX 往贵处办理 XXXX 等事宜,事宜。X X X X 年请予接洽。

　　X 月 x 日(有效期 X 天)

　　此致

敬礼

XXX(公章)

(有效期 X 天)

XXXX 年 X 月 X 日

　例文二

X X 市 X X 局介绍信

XX 负责同志:

　　兹介绍王涛同志前往你处联系 XXXX 事宜,请接洽并予协助。(有效期 X 天)

　　X X 市 XX 局(盖章)

　　X 年 X 月 X 日

　例文三

介绍信

　　兹介绍 XXX，X X X 等 X X 名同志（x X X），前往处联系XXX 事宜，敬请接洽并予以协助。

　　此致
　　敬礼
　　XX 县人民政府（章）
　　X 年 X 月 X 日

写作 10 证明信的写作方法

　　1. 概述

　　证明信是机关、团体、个人凭确凿的证据，证明某人的身份、经历或者证明相关事件是否属实的一种专用书信。

　　一般来说，证明书具有以下特点：

　　第一，书信体的格式。证明信是一种专用书信，证明信虽有好儿种形式，坦其写法与书信的写法基本一致，其大部分采用书信体的格式。

　　第二，证明信具有任证作用的特点。证明信是持有者以证明自己身份、经历或某事真实性的一种凭证其作用主要在于证明，因此证明信的－一个特点就是它的凭证特点。

　　2. 分类

　　以个人名义所写的证明信

　　这种证明信所证明的内容完全由个人员责所以写时要持认真态度，仔细回忆。其格式采用书信体格式。

　　以组织名义所发的证明信

　　这类证明信通常是用于证明某人曾在或正在该单位（学校）工作或学习。

　　这类证明信可以证明持证人的身份、经历，以及同该单位的关系。证明信要根据该单位的档案显示材料来写，也可以根据调查研究的材料采写。

　　这类证明信可采用普通书信的形式，其篇幅长短，应视具体情况而定。

　　这种证明信可以按固定格式印刷好，只需填进主要内容即可。这类证明信留有存根，以备日后查看。因此可以说以组织名义发出的印刷的证明

信是比较正规的。

3. 格式及写作

证明信一般由标题、称呼、正文、结尾、落款构成。

标题

第一行正中写"证明书"或"关于XXXXXX的证明"。

称呼

顶格写上需要证明的单位名称，然后再写冒号。

正文

另起一行，空两格写起。证明书的内容主要写明被证明的事项。主要依照对方所要求的要求来写，要你证明什么就写什么，与问题要点无关的不写。如需要证明的是个人的历史问题，应把时间、地点、人名以及事情的始末写清楚;如果是一件事的证明，应把参与者的姓名、身份，

以及其在事件的地位，作用和事情的前因后果写清楚。总之。证明信要真实，要写清人物、事件的本来面目。证明书的内容如果比较复杂，分段书写为好，简单就没必要分段了。

落款

另一起行顶格写"特此证明"。

正文结束右下方写上出具证明信的单位名称或个人姓名，并加盖公章或私章，个人证明，也可以按手印。再在其下方写上证明出具证明的日期。

4. 注意事项

第一，证明人对所要证明内容要认真负责、实事求是，不可弄虚作假。

第二，证明信的语言要准确，来证要清晰。证明信不可以铅笔、红色笔来书写，若有涂改处，必须加盖公章在其上，否则证明书无效。

第三，对于随身携带的证明信，通常要求它的结尾注明有它的有效的期限。

第四，应留证明信的存根、底稿以备查。证明信邮出时，应予登记，还须挂号邮出，防止丢失。

5. 例文

例文一

证明书

XX 局负责同志：

王 XX 原为我校中文系 XX 级学生，曾担任前学生会主席职务，在校期间，该生遵守学校各项规章制度，没有参与任何不利于安定团结的活动。

XXXX 大学中文系

张 XX（印章）

XXXX 年 X 月 X 日

例文二

证明书

孙 xx 同志于 xxxx 年进入我校中文系学习，中途曾因病休学一学期，病愈后继续跟班学习，后考试全部及格，于 xxxx 年 x 月毕业。特此证明。

XXXX 学院中文系

李 XX（印章）

XXXX 年 X 月 X 日

例文三

证明书

ｘｘ研究所：

XXX同志在我厅工作期间,政治上积极要求进步,工作上勤勤恳恳,业务能力强,与同事真诚相处,关系融洽。曾于ｘｘｘｘ年和ｘｘｘｘ年两次被评为厅先进工作者。

特此证明。

XX厅人事处(印章)

XXXX年X月X日

写作11 倡议书的写作方法

1. 概述

倡议书,是指为推动某项工作的开展,向相关人员提出建议和号召时使用的有关材料。

倡议书根据分类对象不同具有不同的分类。

根据发文角度分类

(1)个人倡议书

在日常生活中,由某个人首先发起倡导引起人们注意,有些和大家的生活方式、生存环境有关的问题或者建议人们采取怎样的措施来解决问题。这种由个人首先倡导的倡议书就是个人倡议书。

(2)集体倡议书

集体倡议书,它是由多数人参与发起的。由群众团体或某一群人发出某种倡议。

(3)企事业单位、机关部门倡议书

通常由特定的单位组织发起,它的内容具有针对性的特点,并在一定

的领导下有序地开展。

根据倡议内容分类

（1）针对具体生活事件问题的倡议书

通常由某一具体的事件引起。其倡议能够引起相关人员的注意，并会引起社会各界的关注。如"关于少给孩子零花钱的倡议书"。

（2）针对思想意识、精神状况的倡议书

这类倡议书和针对某一具体生活事件问题的倡议书不一样，它并不是由某一具体事件引起，而只是希望倡议掀起某种新时尚。这类倡议书是直接为社会主义精神文明建设服务的。

2. 基本格式和写作

倡议收应该包括标题、称呼、正文、结尾、落款五部分内容。

标题

直接在第一行正中写上标题即"倡议书"三字，当然也有可在"倡议书"前概括倡议的内容，如"重新开展向雷锋同志学习的倡议书"。称呼

依据倡议的对象不同而选用不同的称呼。如"广大的少年儿童朋友们："、"广大的同胞们："等。有些倡议书并不用称呼，而是正文指出。

正文

依次写明倡议的对象、背景、内容、求。正文部分是倡议书的核心部分。

结尾

结尾部分要充分表现倡议者的决心和希望，也可以写出倡议者提出的建议。

倡议书一般在结尾不写表示尊敬或祝愿的礼仪用语。

落款

署上倡议者的姓名或名称，发布倡议书的具体日期（年月日）

3. 注意事项

第一，要写明背景目的意义，倡议的理由要充分。

第二，内容要切实可行，有新的精神和时尚，提出的建议不能违背国家的政策方针。

第三，倡议书篇幅要短小精练。

第四，情感要真挚，措辞要恰当，同时倡议要富于鼓动性，充分调动大家的积极性。

4.例文

例文一

参加全国农业劳动模范表彰会的全体劳模代表向全国农业战线广大农民和干部职工的倡议书

全国农业战线的广大农民和干部职工同志们：

在90年代的第一个春天，我们代表全国农业战线的511名全国农业劳动模范，来到北京参加隆重的表彰会，接受党和政府的表彰和奖励，并受到党和国家领导人的亲切接见，心情无比激动和振奋。我们决心不辜负党和人民的希望和重托，继续艰苦奋斗、开拓进取，为深化农村改革，发展农业生产作出新的贡献。

党的十三届五中全会和七届全国人大三次会议突出地强调了农业在国民经济中的基础地位，强调继续执行稳定的农村经济政策，号召全党全国动员起来，集中力量办好农业，掀起一个重视农业、支援农业和发展农业的热潮，并为发展农业采取了许多切实的政策措施，这一类英明决策，完全符合全国人民、符合亿万农民和农业战线广大干部职工的心愿，必将极大的激发起农业战线广大农民和干部职工的积极性和创造性，振奋精神，为实现农村经济的繁荣和农业的持续、稳定发展努力奋斗。

今年既是国民经济治理整顿的关键性的一年，也是我国农业生产走出徘徊，争取新突破的重要一年。党和国一再指出，实现农业的稳定发展，是全国政治、经济和社会稳定的基础，是关系党和国家安危的问题，也是调整经济结构的关键所在。我们全体代表通过学习讨论，充分认识到，努力夺取今年农业丰收，对全局影响极大。为加速国家建设和提高人民生活水平，需要我们提供更多更好的农副产品。为保障今年农村经济协调发展和农业生产的稳定增长，从中央到地方都采取了向农业倾斜的政策和措施，使农业生产面临新的发展机遇，并已呈现出好的发展势头。当然，农业发展也面临不少困难。齐心合力把农业搞上去，努力夺取今年农业特别是粮棉的新丰收，促进农村经济全面发展，这是党和人民赋予农业战线广大农民和干部职工光荣而艰巨的任务，也是我们义不容辞的光荣职责。为此，我们借表彰会之际，向全国农业战线的广大农民和干部职工提出如下倡议：

全国亿万农民和农业战线的广大干部职工积极行动起来，以主人翁

的责任感,想国家之所想,急国家之所急,学习英雄模范人物艰苦奋斗,无私奉献的精神,努力夺取今年夏粮的新丰收,为实现全年农业的丰收争做贡献。

继续发扬勇于探索,开拓创新的精神,不断深化农村改革,认真贯彻执行党在农村的一系列方针政策,正确处理国家、集体、个人三者之间的关系,勤劳致富,守法致富,走社会主义共同富裕的道路。

积极为农业的发展献计献策,大力促进科技兴农。把农业科技与生产实践紧密结合,各级农业科技人员要深入农业生产第一线,努力推广各种实用技术,使先进的农业科学技术深入千家万户,在更大的面积和范围得到推广应用。

努力学习政治、学习文化、钻研科学技术知识,不断提高我们的政治思想觉悟和科学文化素质,提高经营管理能力,提高产品质量,提高各种合作经济组织的经营管理水平,取得更好的经济效益。

关心国家大事,维护农村社会稳定。带头树立社会主义的新风尚,争做移风易俗、破除迷信、扫除"六害"的规范,促进农村的精神文明建设,为加速建设社会主义新农村,贡献我们的聪明才智。

全国农业战线的广大农民和干部职工同志们,今年是"七五"计划的最后一年,我们面临着十分光荣而又艰巨的任务。我们相信,勤劳朴实的中国农民,完全有能力,有志气,一定能够克服前进道路上的种种困难,加速我国农业现代化步伐,为实现本世纪末我国农业的宏伟目标做出新的贡献。

例文二

出席劳动模范和先进人物代表座谈会的全体同志关于制订和遵守 " 职工守则 " 给全国职工的倡议书

全国职工同志们:

在全世界工人阶级团结战斗的节日"五·一"国际劳动节的前夕,我们从祖国各地来到首都,参加全国总工会召开的劳动模范和先进人物代表座谈会。在京期间,我们受到了党和国家领导同志的亲切接见,听了中央领导同志的重要讲话,还互相交流了经验,深受教育和鼓舞。

党中央、国务院殷切期望工人阶级走在我国社会主义物质文明和精神文明建设的前列,充分发挥国家领导阶级的作用。我们一定不辜负党和

国家的重托，认真学习贯彻党的十一届三中全会以来的路线、方针和政策，坚持四项基本原则，坚决抵制和反对资产阶级思想和生活方式的腐蚀，努力保持和发扬工人阶级的本色。我们要自觉地同先进比差距，拜先进作老师，向科学要本领，拜行家作老师，深入持久地开展学赶先进、为四化立功的竞赛活动，积极为提高经济效益、发展社会生产力贡献智慧和力量。我们要在进行"两个文明"建设的实践中，把自己锻炼成为最有理想、最有组织纪律性、最富于主人翁精神和献身精神，最肯努力钻研现代化科学技术知识的队伍。为了适应这个需要，我们在座谈会期间提出了八条守则，并倡议作为"全国职工守则"，成为全国职工共同遵守的道德规范和行为准则。希望全国各族职工同志们，按照"全国职工守则"的内容，积极参加的公布实行。每个职工或每个班组还可以制订贯彻守则的具体规划，做到更加扎实地贯彻"职工守则"。我们希望全国各条战线的劳动模范、先进人物在这一活动中充分发挥表率作用。我们相信通过广泛制订和遵守"职工守则"的群众性活动，我国职工必将进一步提高觉悟程度和组织程度，为社会主义四化建设作出更大的贡献。

全国取工守则

(一)热爱祖国,热爱共产党,热爱社会主义。

(二)热爱集体,勤俭节约,爱护公物,积极参加管理。

(三)热爱本职,学赶先进,提高质量,讲究效率。

(四)努力学习,提高政治、文化、科技、业务水平。

(五)遵纪守法,廉洁奉公,严格执行规章制度。

(六)关心同志,尊师爱徒,和睦家庭,团结邻里。

(七)文明礼貌,整洁卫生,讲究社会公德。

(八)扶植正气,抵制歪风,拒腐蚀,永不沾。

出席劳动模范和先进人物代表

座谈会的全体代表

X 年 X 月 X 日

写作 12 建议书的写作方法

1. 概述

建议书是指个人、单位或有关方面,为了进行某项活动、开展工作、更好地完成任务、而提出建议时所用的一种专用书信,有的也叫意见书。由法律章程规定的机构或个人提请国家代表机关或一定组织的会议讨论、处理的意见,一般叫提案。

通常情况下,建议书具有如下特点:

(1)建议书是给上级领导或有关部门提建议时所采用的书信。它只是作为一种想法被提出来,不能公开倡导具体实施。所以其具有较强的文本性特点,只能是一种假想的条条。

(2)由于建议书是被领导、有关部门批准认可后才能被实施的。所以建议书具有较强的可塑性,它可以被修改,甚至被弃之不用,不是最终的定文形式。

2. 基本格式和写作

建议书一般由标题、称呼、正文、结尾、落款五部分构成。

标题

首行中间写"建议书"或"建议",字体要大,也可以不写。

称呼

建议书称呼要求在标题下隔两行顶格写,受文单位的 名称或个人的姓名,然后加冒号。

正文

(1)建议的由来。为了使接受建议书的机关、单位、个人考虑建议的合理性相必要性,而接受建议,那么必须要说明提出建议动机与想法。

(2)建议的具体内容。这方面的内容最好分条开列。建议事项都要具体,以便接受的机关、单位、个人更好考虑和采纳。

(3)愿望。能把自己的愿望表达出来就行。

结尾

你应该具备的

结尾通常为表示敬意或祝愿的话语。与一般书信相同。

落款

写上名字与日期。

3. 注意事项

第一，内容要具体。写建议书应当把建议的内容、改进的方法和应当采取的措施写具体些，使接受机关、单位、个人在考虑和采纳时能够联系实际情况，看到建议的可行性。

第二，建议书要努力把握好分寸，实事求是，不提脱离实际的建议，所提的建议必须要切实可行。

第三，语言要简要精练。只需把具体办法、具体措施如实地、准确地表达出来，不必要太多的分析和论证。

4. 例文

例文一

建议书

局领导：

今天我们单位传达了局下达的文件，其中规定免费供应每户每月六立方滦河水，超出部分按每方四角收费;免费供应 I5 立方地下水，超出部分按每方 1 角收费;免费供应 60 度电，超出部分按每度 1 角收费。乍一听，我们挺高兴，可一细想，又不对味儿。以前局里下文说，滦河水送到我们这儿。每方成本费一元五角,(有的还说是三块呢)这一免费，每户一年就少掏 I08 块的腰包哩,这谁不乐意? 全局将近两万户，每年就是 216 万元，数目可不小! 滦河水进用户半年多了，每户每月用几方，大伙儿都有数，我们平时聊天，都说过大实话，三四口人家，少的不到一方，多的不到两方，没听说用五方的。因为大伙都省着用，晓得滦河水来之不易，又听说收费多，谁舍得乱用，除了煮饭、熬粥、烧汤、烧开水、海米、漱口、洗筷都是小水流，连洗脸、洗澡都舍不得用，更不用说洗衣服和干别的了，有时，没供应地下水，卫生间臭得不能进，没辙，接两盆滦河水冲冲吧，还心疼得要命:当然，用滦河水浇菜、种地的也有，在我们这儿，是败家子可那有几个。一立方水重一吨，每户每月六方，每天就是 200 公斤，就是十口之家，每人一天也吃不了 20 公斤水。这可有个准星，以前用汽车拉水吃，一般三四

口人家,打一塑料桶(20-25公斤),吃两、三天是常事儿;五口之家,一天也足够。再说,眼下有几家是四五口一块过的,也就是逢年过节,儿女们回到身边,那几天人口多。这样一算,要是每户每月只供应三立方滦河水,光这一项,全局一年就可为国家节省108万元哩!就到15方立地下水,咱们合计过,七八方就富裕。不信,您可以找找一直登门收水电费的人员,一看多年的发票就晓得。

当然,也有极少数人,还嫌六立方水不够吃,15立方水不够用,我们私下打听过,这种人,不管洗什么,总爱把水龙头开到底,开了没水也不关,上班去了,水来了,哗哗流水没人关,那还有数?

供电也多了些,先前每户免费20度,一般家庭35度左右就够,就是家中电器再齐全,只要注意节电,四五十度也宽裕。就这三项,我们提几条建议:

一、每户每月免费供应三立方滦河水,节省的数,按成本价的一半奖给用户,超出的数,按成本价的二到三倍收费;

二、每户每月免费供应16方地下水,节省的数按成本价奖给用户,超出的数按成本价的八到十倍收费;

三、每户每月免费供应50度电,节约的电,按成本价的一半奖给用户,超出的电,按成本价的十倍收费。

此致

敬礼

XXXX年X月X日

例文二

编辑部:

青海教师进修学院院长傅青元就当前中小学学生学习负担普遍过重的问题,向记者谈了他的一些看法。他说,产生学生习负担过重有以下几个原因:

一、教材多。我国原来的教材中,反映当代最新的科学成就少。为了赶上世界先进水平,编新教材时有意识地将一部分内容逐级下放,大学教材

有不少下放到高中，高中有不少下放到初中，初中教材有不少下放到小学。教材过多，老师讲不完，只有开快车，加班加点。这是造成目前孩子们学习负担过重的原因。

二、学制短。过去小学、中学各六年，现在各五年（少数小学为六年），学习时间普遍减少。

三、片面追求升学率。升学率的高低实际成了学校衡量老师、社会评价学校好坏的唯一标准。由于每年升学人数有限，就业也就困难，这就无形地对学生形成了综合性的压力。

四、教学不得法。青海中学教师约一万，按本科毕业生教高中，专科毕业生教初中的师资要求来看，只有三分之一合格的。大多数教师做不到让学生当堂理解所学内容，当日消化，只能用笨办法占用学生的休息、体育、文娱活动时间。

关于这一问题的解决办法，傅青元谈了几点意见：

一、首先是教育行政领导干部应认真学习党的教育方针和政策，正确执行党的教育方针、政策，研究教学规律，坚决制止和纠正片面追求升学率的错误作法。衡量学校教育工作和教师的教学质量，应以学生德、智、体全面发展为标准，决不应单纯以分数高低或升学率的高低为标准。

二、加速中等教育结构的改革，多办些职业中学。同时，要普遍建立研究生院。将一些教材内容放在研究生阶级去学习，而不要层层下放，研究生院学制可以是四年，对于没有培养前途的研究生，一二年即可淘汰，另行分配工作。

三、下大功夫培训师资，提高师资水平。教师不仅要深入钻研教材，还要在改进教学方法上下苦功夫。坚决废止注入式，运用启发式，把课讲得有趣味，生动活泼，调动学生学习的主动性和积极性，使学生轻松愉快地完成学习任务。

四、加强教育科学研究。现在我们的教育思想受传统的教学影响很深。侧重于知识的灌输，不注重学生智力资源的开发，中学教材内容过量过重，与培养学生独立分析问题的能力，发展学生个性是有矛盾的。我们有些学生的创造性和解决问题的能力较弱，就是这些原因造成的。而砚在一些教育比较强调学生智力资源的开发，有许多值得借鉴的地方，应该加强研究。

李蔚

X年X月X日

写作 13 怎样写贺卡词

1. 概念

贺卡就是指集图案与题词于一体的一种特殊形式的书信。

贺卡的前身是古代的"岁帖",也就是拜年揭片。它是一种高雅的礼仪载体和社交形式。今天,伴随着社会的发展和文化水平的提高,在社会交往中贺卡的作用越来越大,倍受广大青少年的喜欢。

日常生活中常见的贺卡有新年贺卡、生日贺卡、圣诞贺卡,结婚贺卡等。在生日、节日、纪念日等特殊的或有意义的日子,贺卡总是带着人们的情意和祝福,给亲人、师长、恋人、朋友捎去温馨和喜悦,从而增进双方的沟通和了解。人们之间的亲情、友情、爱情也得到了滋润与升华。

2. 基本格式及写作

贺卡的格式

一般而言贺卡的格式和一般书信写法相似,即一般是在贺卡左上角写收卡人的姓名称呼,右下角署名、标注日期,容易掌握。其中贺卡词的制作是关键的。

贺卡词的写作

寄赠贺卡能高雅审视和深度培育人际关系,而贺卡词鼓励加油是最关键的作用。在某种意上说,贺卡词是贺卡的灵魂,有贺卡词的贺卡才有份量和价值。

贺卡词的制作要注意下面几点:

(1)要发自肺腑

向亲友、师长表达情感的贺卡词,一定要发自内心、情真意切。只有这样贺卡的礼仪效果才会更好,更能起到培育人际关系的作用。

(2)构思要巧妙

贺卡要想给人留下美好的印象,把对象引人美妙的审美境界,离不开构思巧妙的贺卡词;精心制作的贺卡词更能表达你的深情厚意,我们可以从以下两方面构思贺卡词:

　　一方面是贺卡词要充分结合贺卡图画。许多贺卡都有精美的画面,在制作贺卡词要参照贺卡面作为背景构思,只有这样贺卡词才会更有情趣,更添意蕴。有位老师收到南京学生的教师贺卡。贺卡上有一幅壮丽的长江大桥夜景图,贺卡词是:"那祝福的心愿如桥头一盏盏美丽的彩灯,为老师一家的节日增添光彩!"这张贺卡图文并茂,情景交融。

　　另一方面是结合礼物赠送。礼品和贺词互相辉映,浑然一体,更见高雅。随着精神文化水平的提高,人们的审美趣味也日趋丰富。巴金85岁寿辰时,90岁的冰心送去一只花瓶,她写道:"这只花瓶代表我向你祝寿! 她将时刻立站在你的座旁,你将从她所供养的这四时不断的繁花密叶中,看到我的微笑!"日后,人们在赠送礼品时,写上贺卡词以示心意将会更加受到欢迎。

你应该具备的